Bau
klimatik

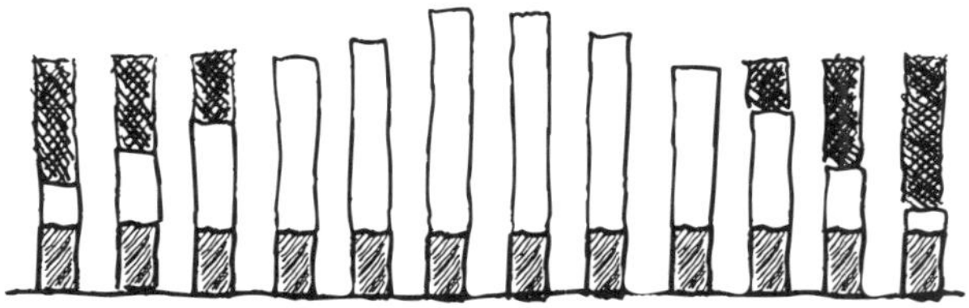

Dirk Krutke

Bau klimatik

Basiswissen Architektur

einfach skizziert

avedition

Inhalt

01 Energie und Bilanz

02 Wärmeerzeugung

03 Wärmeübertragung

04 Wohnraumlüftung

05 Sommerlicher Wärmeschutz

06 Anhang

Vorwort

Dieses Buch ist eine Hilfestellung zum besseren Verständnis der Gebäudetechnik und ihrer konzeptionellen Rahmenbedingungen für den entwerfenden Planer. Es wird hier kein Anspruch auf höchste Wissenschaftlichkeit erhoben. Teilweise werden Vereinfachungen verwendet oder überschlägige Ansätze oder Verfahren herangezogen.

Der Verfasser dieses Buches hat in seiner Zeit als Dozent für Energie und Technik für Architekten immer wieder bemerkt, dass die einschlägige Fachliteratur für die Studierenden der Architektur oft zu kompliziert und zu umfangreich ist. Die Studierenden sind in der Kürze der Zeit ihres Studiums nicht in der Lage, aus diesen Büchern die relevanten Grundkenntnisse zu destillieren. Darum fällt es den Studierenden schwer, zu den basalen Erkenntnissen und dem Grundverständnis von Energie und Technik zu gelangen, die sie später im Berufsleben als Fundament ihrer Konzeptionen und im Entwurf benötigen.

Daher versucht dieses Buch über einen niederschwelligen Einstieg den Lesenden mit einfachen Erklärungen zu grundlegenden Erkenntnissen und dem Verständnis der Zusammenhänge zu verhelfen. Die Architekten müssen nun einmal die Heizung nicht bauen. Sie müssen nur wissen, welche Heizung sinnvoll ist, und müssen sich mit dem Fachplaner auf einer konzeptionellen Ebene austauschen können.

Aufgrund der gestiegenen Komplexität des Bauens hat sich der alte Baumeister bis heute in rund zehn Berufe aufgespalten. Und dennoch ist der Architekt, ganz frei nach Vitruv, als Universalgelehrter das Bindeglied der Disziplinen geblieben und muss sie alle grundsätzlich verstehen, um sie in den schöpferischen Akt der Architekturproduktion einbringen zu können. Dazu will dieses Buch angehenden Architekturschaffenden helfen, produktive und intelligente Zugänge zum Themenbereich Energie und Technik zu finden.

...WENN DU ES NICHT EINFACH ERKLÄREN KANNST, HAST DU ES NICHT GUT GENUG VERSTANDEN.

Albert Einstein

01

Energie und Bilanz

Treibhauseffekt

Der Treibhauseffekt ist maßgeblich für die globale Erwärmung und den vom Menschen eingeleiteten Klimawandel verantwortlich. Durch sogenannte Treibhausgase entsteht in den oberen Schichten der Atmosphäre eine Gasschicht, die denselben Effekt erzeugt wie bei einem Treibhaus das Glas.

Die Erde wird ständig durch Strahlungswärme der Sonne erhitzt. Das ist auch lebensnotwendig und im Grunde kein Problem. Hat die Erde einen Überschuss an Wärme, kann sie ihrerseits diese durch Strahlung an die unendlichen Weiten des Weltraums abgeben. Das Problem ist nur: Die Strahlung, die die Erde abgibt, hat eine andere Wellenlänge als die der Sonne. Dumm ist nun, dass die besagte Schicht aus Treibhausgasen die Wellenlänge der Abstrahlung der Erde nicht durchlässt, sondern zurückreflektiert. Die Strahlung der Sonne hingegen wird durchgelassen. Dadurch wird das Gleichgewicht aus Wärmeaufnahme und Abgabe gestört.

Somit kann die Erde die Temperatur nicht mehr regulieren und akkumuliert ständig mehr Energie, die sie nicht mehr loswird. Die Bilanz der Erde ist damit ständig positiv. Das mag auf einem Konto bei der Bank gut ankommen, aber jeder weiß von seinem Körper: Wenn man seine Temperatur nicht mehr regeln kann, ist das sehr ungesund. Von Erfrieren bis Hitzetod ist alles möglich. Das Ergebnis im Fall der Erde ist **globale Erwärmung.** Der Bausektor hat daran einen Anteil von ca. 30 % durch Errichtung und Betrieb von Gebäuden. Daher stehen die Architektur und damit auch die Architekten hier in der Pflicht, diesen Anteil erheblich zu reduzieren, damit diese Gasschicht abgebaut werden kann und unser Planet wieder in die Lage versetzt wird, seine Temperatur und die der Atmosphäre zu regulieren.

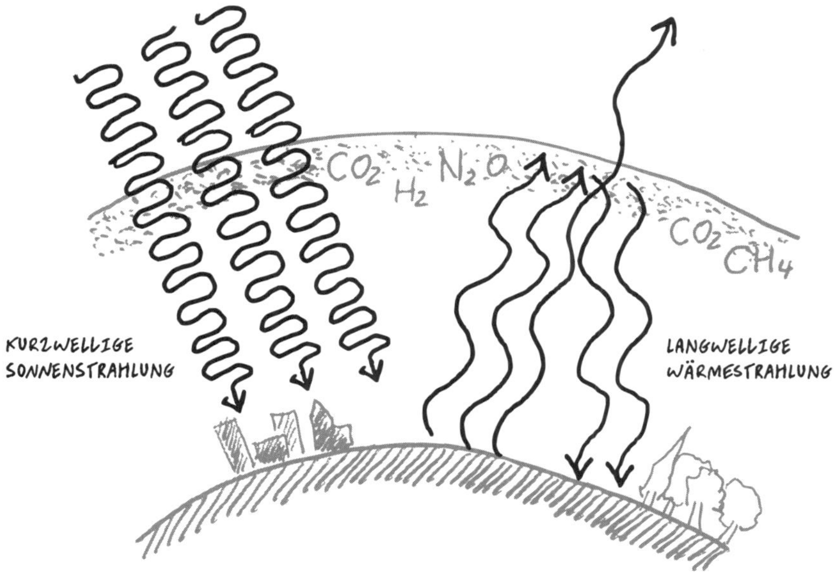
CO2
H2
N2O
CO2
CH4
KURZWELLIGE
SONNENSTRAHLUNG
LANGWELLIGE
WÄRMESTRAHLUNG

A/V-Verhältnis

Das A/V-Verhältnis, also das Verhältnis der Oberfläche eines Körpers (sprich: Gebäudes) zu seinem Innenvolumen war bis 2007 ein ausschlaggebender Parameter der energetischen Bewertung von Gebäuden. Heute finden wir diesen Wert zwar weiterhin in vielen Energienachweisen, aber er hat nur noch einen informellen Wert. Dennoch hat dieser Wert weiterhin und gerade im **Entwurfsprozess** bei der frühzeitigen Einschätzung von Gebäuden seine Berechtigung.

Grundsätzlich wissen wir, dass ein Gebäude seine Energie oder Wärme über die Oberfläche an seine Umgebung abgibt. Je mehr Oberfläche das Gebäude hat, desto mehr Energie kann abgegeben werden. Das Prinzip machen wir uns etwa bei Kühlrippen zunutze. Unsere Gebäude sollen aber möglichst wenig Energie an die Umwelt abgeben, daher ist es sinnvoll, die Oberfläche im Verhältnis zum warmen Innenvolumen möglichst gering zu halten. Denn ein Gebäude, welches bei gleicher thermischer Qualität der Hülle wenig Oberfläche bietet, wird immer weniger Wärme nach außen abgeben als ein Gebäude mit großer Oberfläche.

Natürlich machen wir unseren Entwurf nicht von der Optimierung des A/V-Verhältnisses abhängig und entwerfen nun alle nur noch große, kompakte Würfel. Den Einfluss im Hinterkopf zu haben, den die Form des Baukörpers auf den Energiehaushalt des Gebäudes hat, kann aber auch nicht schaden. Denn eines sollte immer klar sein: Produziere ich große Oberflächen durch zerklüftete Baukörper, eingeschnittene Loggien, Galerien oder Höfe, so werde ich dies mit einer besseren sowie teureren Gebäudehülle kompensieren müssen, um am Ende den gesetzlich geforderten **Energiestandard** einhalten zu können.

In der Berechnung des Wärmeverlusts durch die Außenwände eines Gebäudes fließen im Grunde nur zwei Komponenten ein. **Der U-Wert und die Oberfläche.** Drehe ich an der einen Stellschraube, muss ich an der anderen nachjustieren. Mache ich die Fläche groß, muss ich den U-Wert klein machen.

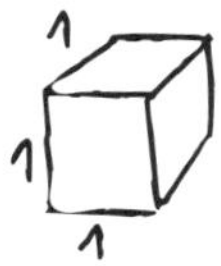

$A = (1 \times 1) \times 6 = 6m^2$ $\frac{A}{V} = \frac{6}{1} = 6$

$V = 1 \times 1 \times 1 = 1m^3$

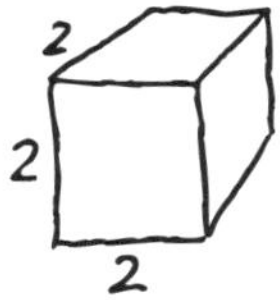

$A = (2 \times 2) \times 6 = 24m^2$ $\frac{A}{V} = \frac{24}{8} = 3$

$V = 2 \times 2 \times 2 = 8m^3$

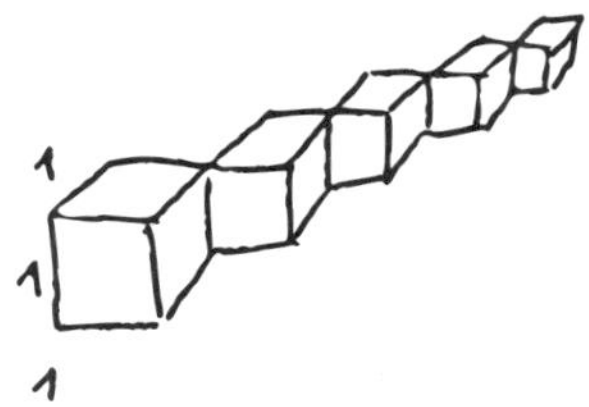

5 WÜRFEL
30 SEITEN

$(1 \times 1) \times 30 = 30m^2$

$(1 \times 1 \times 1) \times 5 = 5m^3$

$\frac{A}{V} = \frac{30}{5} = 6$

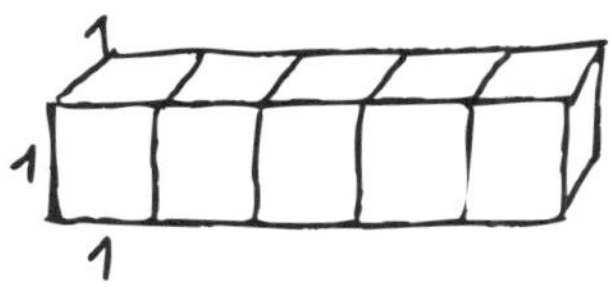

5 WÜRFEL
22 SEITEN

$(1 \times 1) \times 22 = 22m^2$

$(1 \times 1 \times 1) \times 5 = 5m^3$

$\frac{A}{V} = \frac{22}{5} = 4{,}4$

XX

VON BOTHE RICHTER TEHERANI ARCHITEKTEN (BRT)

KOMPAKTER KÖRPER TROTZ VIEL FASSADE

Bilanz

Bilanz ist die Gegenüberstellung von Gewinnen und Verlusten. Jeder kennt das aus seiner Haushaltskasse und weiß, dass es besser für ihn ist, eine positive oder ausgeglichene Bilanz zu erreichen. Was hat das aber nun mit Baukunst zu tun? Auch ein Haus hat eine Bilanz, nämlich eine energetische. Und auch ein Haus braucht eine **ausgeglichene Bilanz,** damit es darin immer behaglich ist. Und wie wir bei unserer Bank nicht ständig Schulden machen können, so können wir auch nicht das Gebäude im Winter auskühlen lassen.

Auch unser Planet Erde hat eine Bilanz. Nur haben wir durch unser Verhalten dafür gesorgt, dass diese nicht mehr ausgeglichen ist, sondern dass die Erde eine ständige positive Bilanz aufweist und immer mehr Wärme speichert, weil sie dank des sogenannten Treibhauseffekts nicht mehr ihre überschüssige Wärme ins Weltall abgeben kann (siehe Kapitel „Treibhauseffekt").

Um beim Bild der Haushaltskasse zu bleiben: Wenn ein Student BAföG und vielleicht auch etwas Unterstützung von den Eltern erhält, so hat er zwei Einnahmequellen, sprich Gewinne. Gleichzeitig muss er Miete zahlen und er muss etwas essen. Damit hat er schon zwei Ausgaben, sprich Verluste. Wenn er nun noch jedes Wochenende ausgehen will, könnte es passieren, dass die Freizeitgestaltung als dritter Verlust die Summe der Einnahmen überschreitet. Damit wäre seine Bilanz nicht mehr ausgeglichen. Da der Geldautomat dann irgendwann nichts mehr ausgibt, sucht sich der Studierende einen Nebenjob, um die Bilanz auszugleichen.

Das BAföG möge nun für unsere **internen Gewinne** im Haus stehen und die Unterstützung der Eltern für die **solaren Gewinne.** Die Lebenshaltungskosten, also Miete und Lebensmittel, sind hier die **Transmissionsverluste.** Und weil Freizeitgestaltung genauso wichtig ist wie Lüften, sind diese Ausgaben quasi unsere **Lüftungsverluste** und leider stellen wir dann fest, dass unser Haus im Minus ist. Der Student geht arbeiten und im Haus schalten wir die Heizung an, und damit ist alles wieder ausgeglichen.

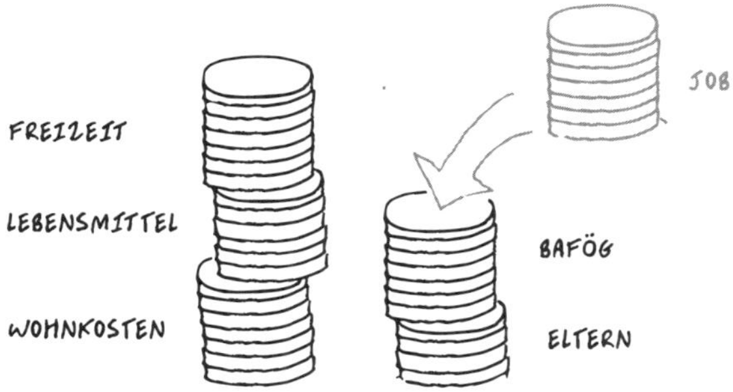

FREIZEIT
LEBENSMITTEL
WOHNKOSTEN
JOB
BAFÖG
ELTERN

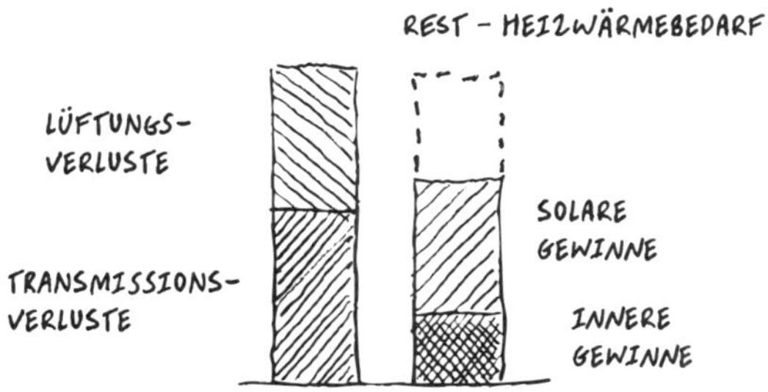

REST - HEIZWÄRMEBEDARF
LÜFTUNGS-
VERLUSTE
TRANSMISSIONS-
VERLUSTE
SOLARE
GEWINNE
INNERE
GEWINNE

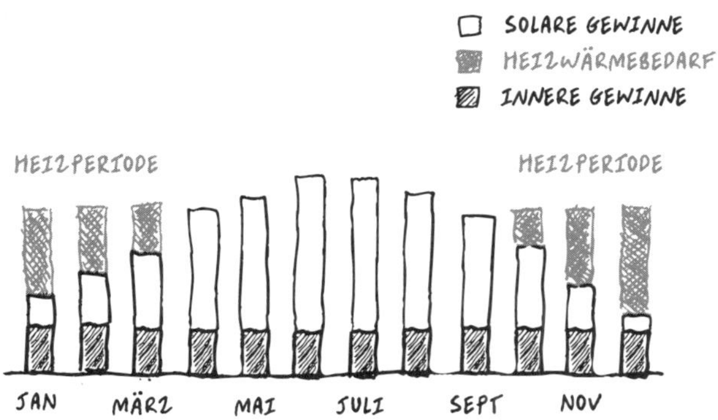

SOLARE GEWINNE
HEIZWÄRMEBEDARF
INNERE GEWINNE
HEIZPERIODE
HEIZPERIODE
JAN
MÄRZ
MAI
JULI
SEPT
NOV

Solare Gewinne

Immer wenn die Sonne durch ein Fenster scheint, wird Sonnenenergie in ein Gebäude eingetragen. Die Sonnenenergie in Form von Strahlung erwärmt die Bauteile, auf die sie trifft. Die Sonnenenergie gelangt auf die Erde als Strahlung und verwandelt sich nur in Wärme, wenn sie auf etwas trifft, wie etwa auf Oberflächen von Bauteilen. Dass sich ebenfalls die Luft mit der Zeit erwärmt, liegt allein daran, dass die Bauteile ihre Wärme an die sie berührende Luft wieder abgeben. Diese Erwärmung der Bauteile können wir als solare Gewinne auf unsere Energiebilanz anrechnen. Denn die Wärme, die die Sonne bereits in unser Gebäude einträgt, müssen wir nicht mehr mit der Heizung erzeugen. Dieses Konzept machen sich **Passivhäuser** im großen Umfang zunutze. Wenn wir große solare Gewinne durch transparente Fassaden planen, müssen wir jedoch immer besonders den Sommer im Auge behalten. Denn im Sommer wollen wir eben gerade nicht so viel Wärme wie möglich in unsere Häuser lassen, damit es drinnen kühl bleibt.

Die solaren Gewinne berechnen sich aus der **Größe der Öffnungen,** durch die die Sonne hindurchscheinen kann, sowie deren **Lage in Himmelsrichtung und Neigung.** Aus unserer Erfahrung wissen wir, dass die Sonne an jedem **Standort** der Welt und an jedem Tag andere Sonnenstände, Intensitäten und auch Sonnenstunden aufweist. Dies gilt es zu berücksichtigen. Dabei helfen uns statistische Daten zur durchschnittlichen solaren Einstrahlung, die andere für uns bereits ermittelt haben.

Am Ende machen wir dann nichts anderes, als die Sonneneintragskennwerte für Standort und Himmelsrichtung mit der Größe der Öffnungen zu multiplizieren. Es gibt dann noch vier **Abminderungsfaktoren** für Verschattungen oder den Fensterrahmenanteil, mit denen wir das Ergebnis ebenfalls multiplizieren, und schon haben wir die solaren Gewinne unseres Hauses.

Achtung: Die recht einfache Ermittlung nach DIN 4108-6 ist noch bis zum 31.12.2023 zulässig. Ab 2024 wird die DIN 18599 verpflichtend. Dennoch kann dem Entwerfer das einfache Verfahren im Entwurfsprozess weiterhin zur Abschätzung dienlich sein.

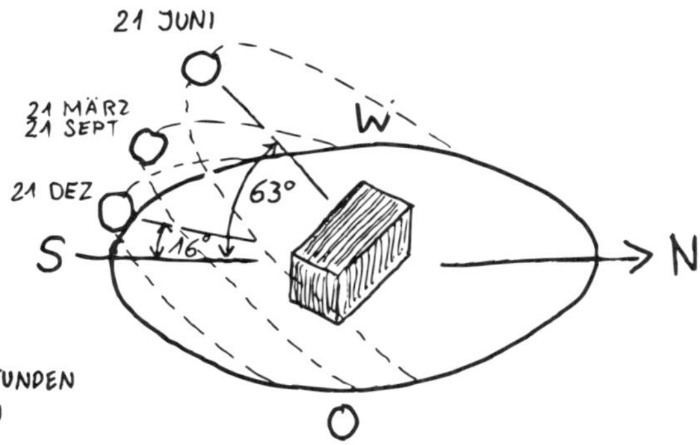

BERLIN

21. DEZEMBER: 7,5 SONNENSTUNDEN
21. JUNI: 16 SONNENSTUNDEN

$$Q_S = 0{,}024 \times \Phi_{SM} \times t_M$$

$$\Phi_{SM} = \sum I_{SM} \times F_F \times F_S \times F_C \times g_i \times A_i$$

Φ_{SM} STRAHLUNGSWÄRMEGEWINN

t_M TAGE JE MONAT

F_F ABMINDERUNG FENSTERRAHMEN

F_S ABMINDERUNG VERSCHATTUNG

F_C ABMINDERUNG SONNENSCHUTZ

g_i GESAMTENERGIEDURCHLASSGRAD GLAS

A_i ROHBAUÖFFNUNG

BERLIN, SÜD ($I_{SM} = 270\ kWh/m^2 \cdot HP$)

KEINE VERSCHATTUNG ($F = 1$)

$5m^2$ FENSTER ($A = 5m^2$)

g-WERT 0,6

RAHMENANTEIL 20%

$$\Rightarrow Q_S = I_S \times F \times g_i \times A_i$$

$$Q_S = \frac{270\ kWh \times 0{,}8 \times 0{,}6 \times 5\cancel{m^2}}{\cancel{m^2} \times HP\,a}$$

$$\underline{\underline{Q_S = 648\ kWh/a}}$$

$\sum(I_S \times t)/HP$

DURCHSCHNITTLICHE SOLARE EINSTRAHLUNG IN DER HEIZPERIODE (BERLIN)

- SÜD 270 kWh/m^2
- OST/WEST 155 kWh/m^2
- NORD 100 kWh/m^2
- DACH NACH SÜD $< 30°$ 225 kWh/m^2

Innere Gewinne

Alle Lebewesen in einem Haus, also Bewohner und Haustiere, geben Wärme ab. Der Mensch ist mit seiner Wärmeproduktion bei einer Raumtemperatur von 20–24 °C mit einem 100-Watt-Heizkörper gleichzusetzen. Bei körperlicher Anstrengung kann die Wärmeleistung eines Menschen bis auf 300 Watt ansteigen. Auch alle technischen Geräte in einem Haus geben ständig Wärme ab – so sie denn eingeschaltet sind, wie etwa unser Kühlschrank. Alle diese **Wärmequellen,** die sich in einem Gebäude befinden, erzeugen die sogenannten inneren Gewinne. Diese sind ebenfalls bereits da, bevor wir die Heizung einschalten. Daher müssen sie dann auch nicht durch die Heizung erzeugt werden. Wenn also kein Geld für die Heizung mehr da ist, dann feiert der schlaue Student eine Hausparty und schlägt zwei Fliegen mit einer Klappe: Er lädt sich ca. 1 500 Watt an Heizkörpern ein und lässt die 15 Gäste auch noch die Getränke mitbringen.

Aber zurück zum Normalzustand. Da es weder sinnvoll noch effizient ist, sich jeden Haushalt einzeln anzusehen, ihre Bewohner und technischen Ausstattungen, wurden uns auch hier von fleißigen Menschen statistisch ermittelte **Kennwerte** zur Verfügung gestellt. Wir berechnen also die inneren Gewinne anhand einer durchschnittlichen Nutzung.

Dabei sollten wir uns bewusst sein, dass wir mit all diesen Werten, die wir zur Bemessung von Systemen und Gebäuden heranziehen, immer nur von idealisierten, durchschnittlichen oder üblichen Nutzungen ausgehen. Das spätere Nutzerverhalten ist jedoch nur begrenzt planbar und oft sogar fehlerhaft.

Es macht dennoch Sinn, dass wir die inneren Gewinne anhand der Kennwerte über die Nutzfläche ermitteln. **Die planerische Variable ist für uns also hier nur die Fläche.**

Achtung: Die recht einfache Ermittlung nach DIN 4108-6 ist noch bis zum 31.12.2023 zulässig. Ab 2024 wird die DIN 18599 verpflichtend. Dennoch kann dem Entwerfer das einfache Verfahren im Entwurfsprozess weiterhin zur Abschätzung dienlich sein.

RICHTWERTE
INNERER WÄRMELEISTUNG
GEM. DIN 4108-6

WOHNGEBÄUDE	5 W/m² NF
BÜRO- UND VERWALTUNGSGEBÄUDE IN BÜROZEITEN (t_A) IN NICHTBÜROZEITEN ($24h - t_A$)	 15 W/m² NF 2 W/m² NF

$$Q_i = 0{,}024 \times \Phi_{iM} \times t_M$$

$$\Phi_{iM} = q_{iM} \times A_N$$

$$Q_i = 0{,}024 \times q_{iM} \times A_N \times t_M$$

q_{iM} INNERE FLÄCHENBEZOGENE WÄRMELEISTUNG

A_N NUTZFLÄCHE

HEIZPERIODE OKTOBER BIS APRIL

WOHNUNG 100 m²

→ $A_N = 100\,m^2$

→ $q_{iM} = 5\,W/m^2$

MONAT		Φ_{iM}	TAGE	Q_{iM}
JAN	0,024	500	31	372
FEB	0,024	500	28	336
MÄRZ	0,024	500	31	372
APRIL	0,024	500	30	360
OKT	0,024	500	31	372
NOV	0,024	500	30	360
DEZ	0,024	500	31	372
				2 544

$$Q_i = 2\,544\ kWh/a$$

Lüftungswärmeverluste (H_V)

Natürlich weist ein Gebäude im Winter auch Wärmeverluste auf. Wärme entweicht aus einem Gebäude auf zwei Arten. Eine davon ist das Lüften. Da die Luftdichtheit der Gebäudehülle nicht nur wünschenswert, sondern gesetzlich gefordert ist, findet der Austausch der Luft maßgeblich über das **aktive Lüften** von Gebäuden statt.

Wir müssen die Luft im Innern eines Gebäudes auch mal austauschen, weil wir diese durch die Benutzung verbrauchen, verunreinigen und vor allem auch mit Feuchtigkeit anreichern. Wenn wir dann das Fenster aufmachen, entlassen wir mit der verbrauchten Luft auch die darin enthaltene Wärme nach draußen. Es sei noch mal angemerkt: **Wir lassen die Wärme raus** (Verlust) und nicht die Kälte rein. Diese Verluste werden wir ausgleichen müssen, damit die Temperatur in unserem Haus weiterhin angenehm warm bleibt.

Da wir auch hier nicht vorhersehen können, wie sich einzelne Nutzer verhalten, gibt es Kennwerte, die uns vom Gesetzgeber an die Hand gegeben wurden. Die einen wollen Kosten sparen und lassen die Fenster geschlossen, bis es schimmelt. Die anderen sind Naturfreunde und haben auch im Winter ständig die Fenster offen. Diese Extreme können planerisch jedoch nicht berücksichtigt werden.

Als Planer müssen wir von einem statistischen Mittelwert ausgehen. Die anzunehmenden Luftwechselraten (siehe Kapitel „Luftwechselrate") setzen sich aus Undichtigkeiten des Gebäudes und aktivem Lüften zusammen. Den Unterschied macht hier die vom Planer beeinflussbare Dichtheit.

Für Wohngebäude nehmen wir folgende Luftwechselraten an:

- Neubau ohne Dichtheitsprüfung 0,7
- Neubau mit Dichtheitsprüfung und Fensterlüftung 0,6
- Neubau mit Dichtheitsprüfung und Abluftanlage 0,55
- Neubau mit Dichtheitsprüfung und bedarfsgeführter Abluftanlage 0,5

Wärmerückgewinnung in Lüftungsanlagen wird als Bonus angerechnet, da diese zur Reduzierung von Lüftungsverlusten führt.

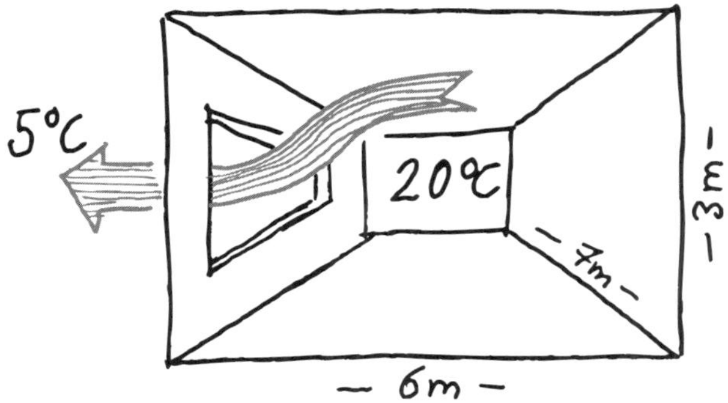

$$H_V = (\rho_L \times c_{p,L}) \times n \times V$$

$$V = 3m \times 6m \times 7m = 126m^3$$

$$n = 0{,}7/h$$

$$\rho_L \times c_{p,L} = 0{,}34\ Wh/m^3 \times K$$

$$\Rightarrow H_V = \frac{0{,}34\ Wh \times 0{,}7 \times 126\ m^3}{m^3 \times K \times h}$$

$$H_V = 30\ W/K$$

$V =$ LUFTVOLUMEN $V \approx 0{,}76$ bis $0{,}8 \times$ BRI

$\rho_L \times c_{p,L} = 0{,}34\ Wh/m^3 \times K$ (DICHTE X KAPAZITÄT VON LUFT)

$n =$ LUFTWECHSELRATE 0,6 bis 0,7 gem. GEG

Transmissionswärmeverluste (H_T)

Der zweite Weg, wie die Wärme das Gebäude verlässt, ist die Transmission durch die Bauteile. Egal wie gut wir eine Gebäudehülle planen und bauen, das Gebäude wird nie eine Thermoskanne werden. Und wie wir wissen, bleibt auch der Kaffee in der Thermoskanne nicht für immer heiß. Wir können nur das Entweichen der Wärme verlangsamen. Das Maß, mit dem wir den Durchgang der Wärme durch unsere Bauteile reduzieren, beschreiben wir mit dem U-Wert eines Bauteils. Auch diese Verluste gilt es am Ende wieder auszugleichen, damit es im Gebäude konstant warm bleibt.

Wenn wir ein Gebäude betrachten, dann interessiert uns der Wärmeverlust des gesamten Gebäudes, denn diesen Verlust „füllen" wir durch das Beheizen wieder auf. Nun ist es aber so, dass jedes Bauteil einen anderen U-Wert hat – sprich, durch die einzelnen Bauteile entweicht die Energie verschieden schnell. Das wissen wir zwar und wir müssen es auch in der Planung berücksichtigen, aber für die Energiebilanz unseres Gebäudes kommt es auf den Gesamtverlust an. Wenn wir Gebäude betrachten, ermitteln wir für die gesamte Hülle den **durchschnittlichen U-Wert,** der dann aber den Begriff Transmissionswärmekoeffizient erhält (H'_T).

Wir merken uns also: H'_T ist der durchschnittliche U-Wert der gesamten Gebäudehülle.

Wir können das mit einem Eimer Wasser vergleichen, in dem mehrere verschieden große Löcher sind. Nun wollen wir den gefüllten Eimer von einem Startpunkt A zu einem Ziel B tragen und wollen eigentlich nur wissen, wie viel Wasser noch drin ist, wenn wir ankommen. Dabei kommt es nicht darauf an, durch welches Loch wie viel Wasser fließt, sondern wie viel Wasser in Summe verloren geht. Um die Undichtigkeit dann vergleichbar zu machen mit einem anderen Eimer mit anderen Löchern, stellen wir einen Vergleichswert her, indem wir den Lochanteil im Verhältnis zur Eimeroberfläche errechnen – und das ist die durchschnittliche Undichtigkeit. Unser Haus hat eine durchschnittliche Undichtigkeit in **Wärmedurchgang je m^2 Oberfläche** und der Eimer in Wasserdurchfluss je m^2 Oberfläche.

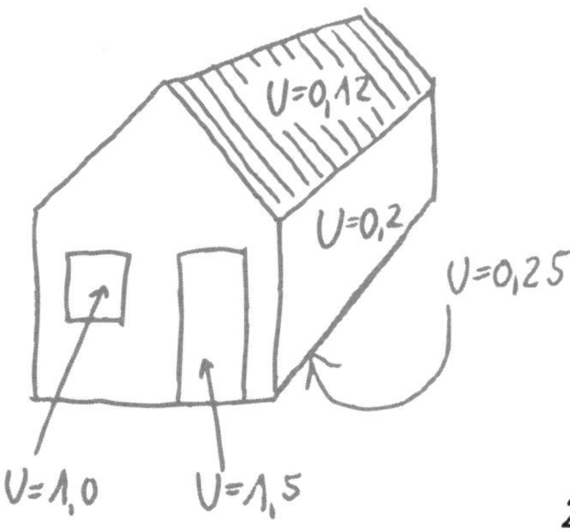

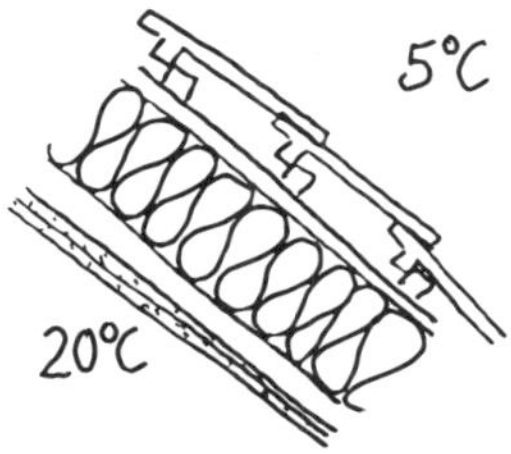

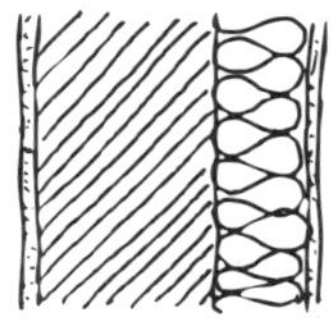

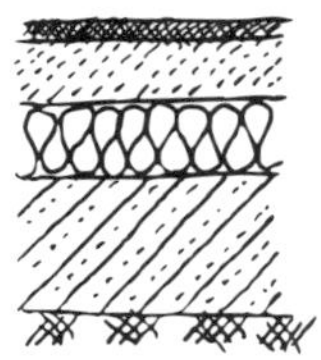

$$H_T = \sum (F_{xi} \times U_i \times A_i + H_{WB})$$

BAUTEIL	FLÄCHE	KORREKTUR	U-WERT	
TÜR	2,3	1	1,5	3,45
FENSTER	18	1	1,0	18,00
WÄNDE	69	1	0,2	13,80
DACH	117	1	0,12	14,04
BODENPLATTE	98	0,6	0,25	14,7
WÄRMEBRÜCKEN	Σ 304	×	0,05	15,22

$$\sum = 79{,}21 \ W/K$$

Energienachweis

Früher wurde auf Grundlage des **Energieeinspargesetzes von 1976** und der dazugehörigen Wärmeschutzverordnungen ein sogenannter Wärmedämmnachweis geführt. Die Haustechnik wurde vom Haustechnikplaner separat betrachtet. Erst seit Erlass der ersten **Energiesparverordnung im November 2001** hat man damit begonnen, die Gebäudehülle und die Haustechnik gemeinsam zu betrachten und die Wechselwirkung aus Energieerzeugung und Energieverlusten in einem Nachweis festzuhalten.

Seither darf der Architekt nicht mehr isoliert nur seine bauphysikalischen Eigenschaften der Gebäudehülle berücksichtigen, sondern muss den Energieverbrauch seines Gebäudes ermitteln. Damit sind die Anforderungen an den Planungsprozess insbesondere für den Architekten erheblich gestiegen. Doch dafür haben sich neue Möglichkeiten in der **Abstimmung zwischen Bautechnik und Haustechnik** ergeben, die Freiheiten erlauben, welche ein reiner Wärmedämmnachweis nicht gestattet hätte.

Das Ergebnis eines Energienachweises ist am Ende unter Einhaltung gewisser Rahmenbedingungen der Energieverbrauch des geplanten Gebäudes. Wie wir die gesetzliche Zielzahl erreichen, ist uns Planern freigestellt. So können wir durch den Einsatz von erneuerbaren Energien oder effizienter Haustechnik an der thermischen Qualität der Hülle sparen. Dies ermöglicht zum Beispiel große Fensterflächen. Wenn ich etwa meine Wärme effizient oder erneuerbar erzeuge, macht es auch nichts, wenn ich dann mehr davon verbrauche.

Umgekehrt können wir unser Gebäude auch besser wärmedämmen, um damit eine weniger effiziente Haustechnik zu kompensieren. Vielleicht ist unser Grundstück zu klein und wir dürfen nicht in die Tiefe bohren oder eine Luft-Wasser-Wärmepumpe ist planungsrechtlich nicht möglich. Dann müssen wir eben die Hülle verbessern, um von der Wärme weniger zu verbrauchen. Eines jedoch können wir seit 2009 nicht mehr umgehen: Wir sind gesetzlich verpflichtet, einen gewissen Anteil der Wärme erneuerbar zu generieren. Der Anteil ist je nach eingesetzter Technik genau definiert.

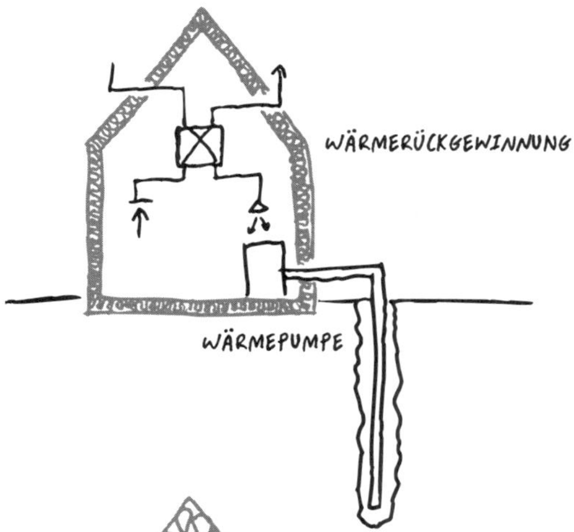
WÄRMERÜCKGEWINNUNG
WÄRMEPUMPE

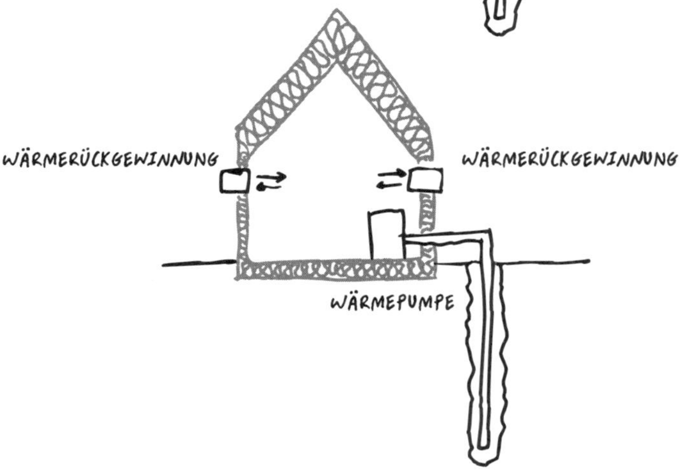
WÄRMERÜCKGEWINNUNG
WÄRMERÜCKGEWINNUNG
WÄRMEPUMPE

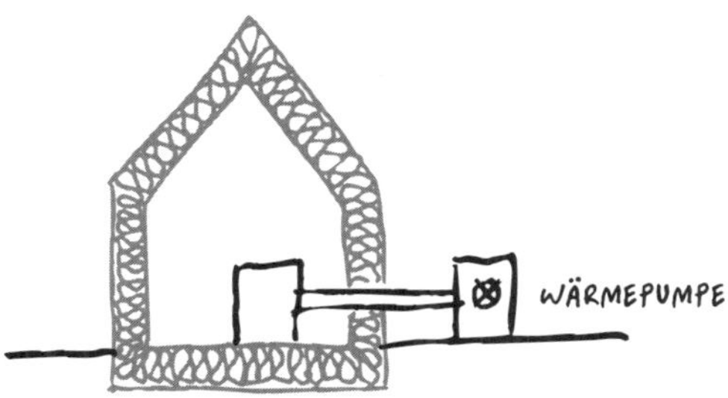
WÄRMEPUMPE

Referenzgebäudeverfahren

Das Referenzgebäudeverfahren ist ein merkwürdiges Wort, das im Energienachweis seine Anwendung findet. Es ist nicht zu verwechseln mit dem Modellgebäudeverfahren, welches nur selten Anwendung findet, weil es sich als komplizierter herausgestellt hat als geplant. Dieses Verfahren möchte ich in diesem Buch nicht beleuchten.

Was ist nun mit dem Referenzgebäudeverfahren gemeint? Der Gedanke hinter diesem Konstrukt ist erst auf den zweiten Blick sehr logisch. Die gesetzlichen Vorgaben sollen nicht dazu führen, dass gewisse Bauformen, Geometrien oder andere architektonische Belange durch den Energienachweis verhindert werden. Da aber nun einmal die Energieverluste von Gebäuden von Oberfläche, Fensterfläche etc. abhängen, benötigt man statt eines statischen Grenzwertes für den Energieverbrauch einen, der sich dem Entwurf anpasst. Daher gibt uns der Gesetzgeber Bauteilqualitäten in Form von U-Werten und eine übliche Anlagentechnik vor, die wir auf unseren Entwurf anwenden, um das Ergebnis anschließend mit unserer gewählten Bauweise zu unterbieten. Damit ist die Referenz, mit der wir uns messen müssen, immer ein **architektonischer Zwilling mit Normeigenschaften** seiner Hülle und Technik.

Das Gute daran ist nicht nur, dass wir uns nicht mit einem Objekt messen müssen, das eventuell kompakter ist oder nur kleine Fenster hat. Es ist auch uns als Entwerfern überlassen, wie wir den Zwilling unterbieten wollen. Wir können an allen Eigenschaften justieren und müssen am Ende nur das Gesamtergebnis vergleichen. So können wir zum Beispiel etwas weniger Wärmedämmung an der Fassade durch mehr Dämmung im Dach und unterder Sohle ausgleichen. Oder wir können Haustechnik gegen Gebäudehülle abwägen und haben so ganz viele Stellschrauben, um unser Referenzgebäude zu unterbieten. Solange wir für kein Bauteil den Mindestwärmeschutz nach DIN 4108 unterschreiten, sind wir frei in der Ausgestaltung unserer Maßnahmen, um das Ziel zu erreichen.

PRIMÄRENERGIEBEDARF DES ENTWURF ≤ 75% DES PRIMÄRENERGIEBEDARFS DES REFERENZGEBÄUDES

ENTWURF

GEOMETRISCHER ZWILLING (REFERENZGEBÄUDE)
MIT NORM-U-WERTEN UND NORMTECHNIK

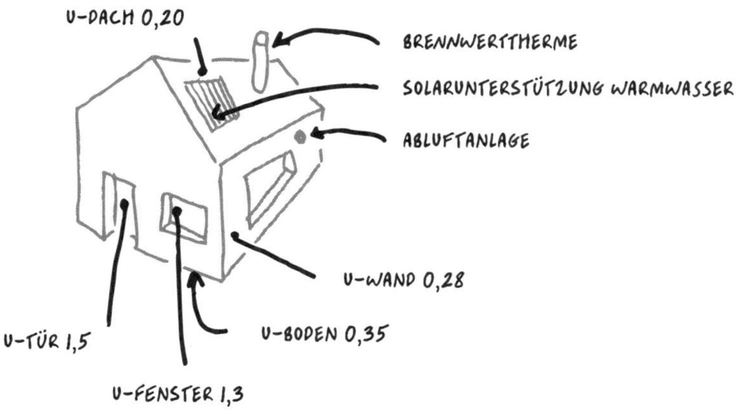

Energieausweis

Der Energieausweis ist neben dem gesetzlichen Nachweis im Baugenehmigungsverfahren das zweite Ergebnis des Energienachweises. Auf diesem Ausweis werden die Ergebnisse des Nachweises übersichtlich und lesbar abgebildet. Unter anderem werden die wichtigsten Daten hier in das verbraucherfreundliche Ampelsystem überführt. Der Besitz eines Energieausweises ist in Deutschland Pflicht.

Verpflichtend ist:

- den Energieausweis allen Mietern einer Immobilie zur Verfügung zu stellen,
- den Energieausweis auszuhängen,
- bei der Veräußerung einer Immobilie den Energieausweis dem Käufer zur Verfügung zu stellen.

Es wird zwischen zwei Energieausweisen unterschieden. Der eine Energieausweis wird für **Bestandsgebäude** erstellt. Da für Bestandsgebäude der reale Energieverbrauch in der Regel bekannt ist, wird dieser auf Grundlage des Verbrauchs der letzten drei bis fünf Jahre angefertigt. Diesen nennen wir darum auch **Verbrauchsausweis.**

Da für **Gebäude in der Planung** kein Verbrauch bekannt sein kann, werden hier sogenannte **Bedarfsausweise** auf Grundlage des errechneten Energiebedarfs im Energienachweis ausgestellt. Das Design des Energieausweises hängt von der verwendeten Software ab und kann daher leicht variieren.

Jedoch ist der Inhalt gesetzlich vorgeschrieben:

- Endenergie- und Primärenergiebedarf des Gebäudes werden auf Flächen bezogen ausgewiesen und
    - auf einer Farbskala eingeordnet
    - sowie einer Energieklasse von A+ bis H zugeordnet.
- Die Gebäudedaten sind auszuweisen.
- Die Nutzung erneuerbarer Energien ist auszuweisen.

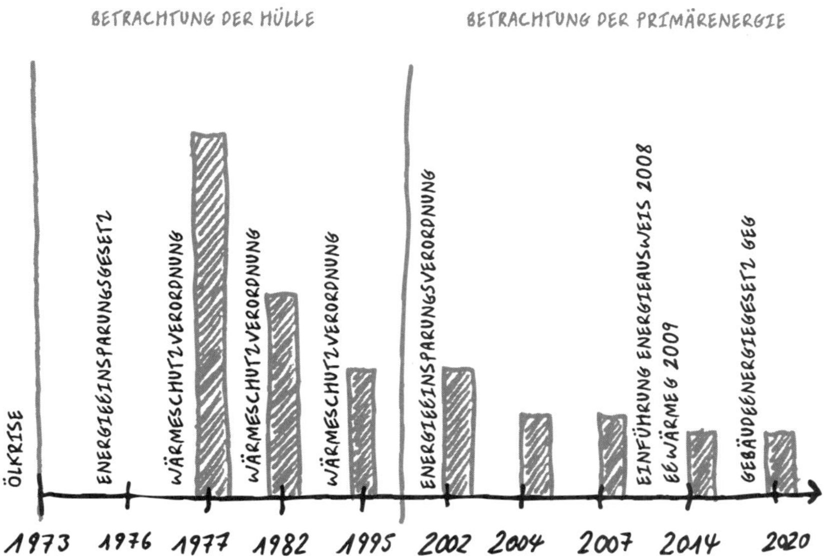
BETRACHTUNG DER HÜLLE
BETRACHTUNG DER PRIMÄRENERGIE
ÖLKRISE
ENERGIEEINSPARUNGSGESETZ
WÄRMESCHUTZVERORDNUNG
WÄRMESCHUTZVERORDNUNG
WÄRMESCHUTZVERORDNUNG
ENERGIEEINSPARUNGSVERORDNUNG
EINFÜHRUNG ENERGIEAUSWEIS 2008
EEWÄRMEG 2009
GEBÄUDEENERGIEGESETZ GEG
1973
1976
1977
1982
1995
2002
2004
2007
2014
2020

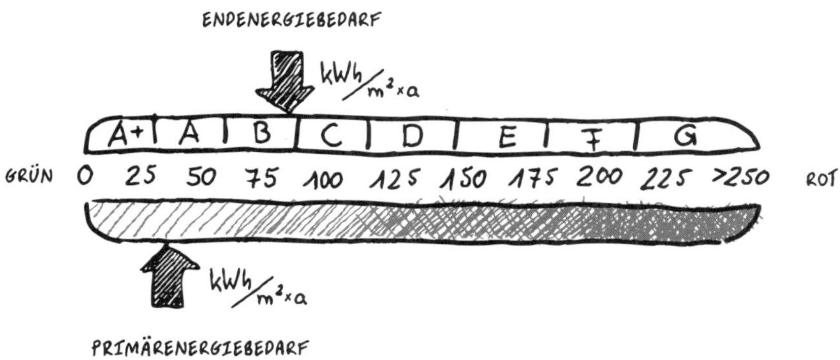
ENDENERGIEBEDARF
kWh/m²×a
A+
A
B
C
D
E
F
G
GRÜN
0
25
50
75
100
125
150
175
200
225
>250
ROT
kWh/m²×a
PRIMÄRENERGIEBEDARF

02

Wärme-
erzeugung

Heizungstechnik

Da sich dieses Buch an Architekten und Bauingenieure richtet, kann es hier nicht um die Frage gehen, wie genau die einzelnen Heizungsarten und deren Komponenten funktionieren. Für den Architekten ist wichtig, welche **Leistungsgrenzen** die jeweiligen Techniken haben und welche **Abhängigkeiten** damit verbunden sind. Oft führt die Wahl einer Heizung zu planerischen Folgen, die bedacht werden müssen. Manche Wärmeerzeuger haben etwa einen höheren Platzbedarf. Manche entwickeln Geräusche. Andere sind in der Leistungsfähigkeit beschränkt. Sehr häufig habe ich, wenn es hieß, man bekäme ein Problem mit der Einhaltung der gesetzlichen Rahmenbedingungen, die Wärmepumpe reflexartig als Lösung angeboten bekommen. Das ist eine gute Idee, wenn das Gebäude planerisch vollständig dafür optimiert wurde und die Rahmenbedingungen stimmen. Und genau darum soll es hier gehen. Um die frühzeitige integrale Berücksichtigung von Bedingungen in der Planung, damit der Planer die richtige oder sinnvolle Technik wählen kann.

Ich habe es mir erlaubt davon auszugehen, dass wir im 21. Jahrhundert gewisse klimaschädigende Technologien aus unserem Repertoire verbannt haben. Daher ist ein kurzer Einblick in die Gas-Brennwert-Technik aus meiner Sicht bereits das höchste der Gefühle und soll reichen, um den Lesenden das notwendige Grundverständnis aus dem Bereich fossiler Brennstoffe zu vermitteln. Die Nutzung von Erdgas wird auch aufgrund der Gesetzgebung ihre Relevanz im Neubausektor absehbar verlieren. Es gibt jedoch Bestrebungen, Gas synthetisch herzustellen mit sogenannten Power-to-Gas-Verfahren. Dies wäre ein Gamechanger für die Gas-Brennwert-Technik.

Der Architekt oder die Architektin müssen als erste Ansprechpartner und Berater des Bauherrn qualifiziert Auskunft geben und beraten können. Dabei ist die gesellschaftliche Verantwortung, Bauprojekte nachhaltig zu planen, mit den Bedürfnissen der Bauherren, primär Kosten zu sparen, in Deckung zu bringen. Der Architekt oder die Architektin sind die Einzigen, die für die Akzeptanz nachhaltiger Technologien beim Auftraggeber werben können. Dazu benötigen sie aber das notwendige Grundwissen.

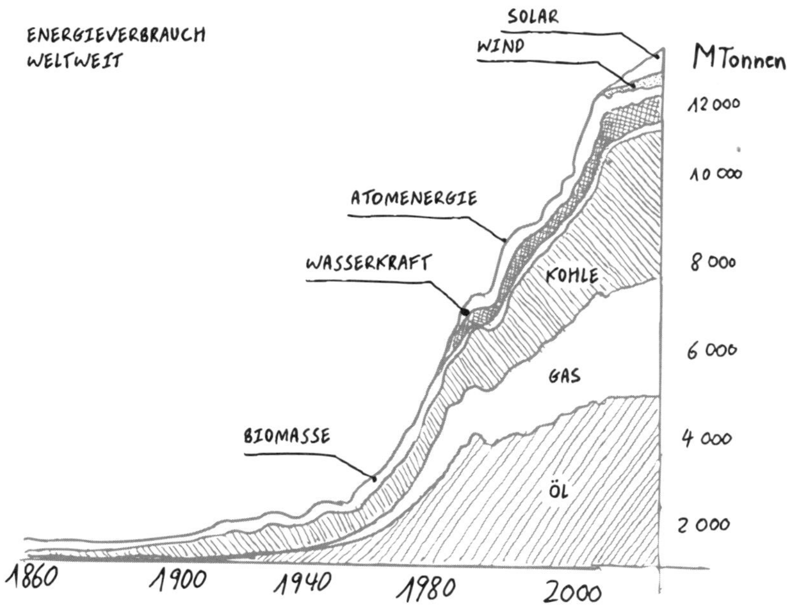
ENERGIEVERBRAUCH
WELTWEIT
SOLAR
WIND
MTonnen
12 000
10 000
ATOMENERGIE
WASSERKRAFT
8 000
KOHLE
6 000
GAS
BIOMASSE
4 000
ÖL
2 000
1860
1900
1940
1980
2000

JAZ und COP oder Erzeugeraufwandszahl

Um sich über Heizungstechnik austauschen zu können, ist es notwendig, diese in Ihrer Effizienz einordnen zu können. Denn die Effizienz der Anlage ist neben dem Energieträger dafür entscheidend, ob eine Technik zulässig und auch sinnvoll ist.

Die Hersteller von Heizungen, also Kesseln und Wärmepumpen etc., geben in ihren technischen Unterlagen dafür folgende Werte an:

- COP (Coefficient of Performance): Auslegungsfall bei Wärmepumpen
- JAZ (Jahresarbeitszahl): Jahresmittel bei Wärmepumpen
- ETA (Erzeugeraufwandszahl) bei Kesseln

Die Begriffe beschreiben im Grunde alle eine Effizienz der Wärmeerzeugung, denn ihre Werte geben stets das **Verhältnis** aus zugeführter **Energie** in Form eines Energieträgers und der **Wärme** an, die von der Heizung einem Gebäude zur Verfügung gestellt werden kann.

Die Effizienz ist dabei das, was nach Abzug der Verluste beim Haus an Wärme ankommt. Wenn also eine Brennwerttherme Gas verbrennt, dann geht aufgrund der Technik ein Teil der Wärme mit dem Abgas verloren. Die Heizung pustet also einen Teil der Energie durch den Schornstein in die Umwelt. Somit sinkt die Effizienz der Heizung.

Die JAZ ist das Verhältnis aller abgegebenen Wärmemengen im Verhältnis zur eingesetzten Energiemenge. Dabei werden auch die Hilfsenergien für Pumpen, Strom und Steuerung berücksichtigt. Die Energie, die der Heizung zur Wärmeproduktion zugeführt wird und bezahlt werden muss, nennen wir dabei Endenergie. Die Energie, die am Ende aus den Heizkörpern als Wärme entweicht, nennen wir Nutzenergie.

Der Begriff Erzeugeraufwandszahl beschreibt dabei sehr passend, dass hier nur der Aufwand des Wärmeerzeugers vor Ort betrachtet wird. Den Kehrwert des JAZ nennt man auch Nutzungsgrad.

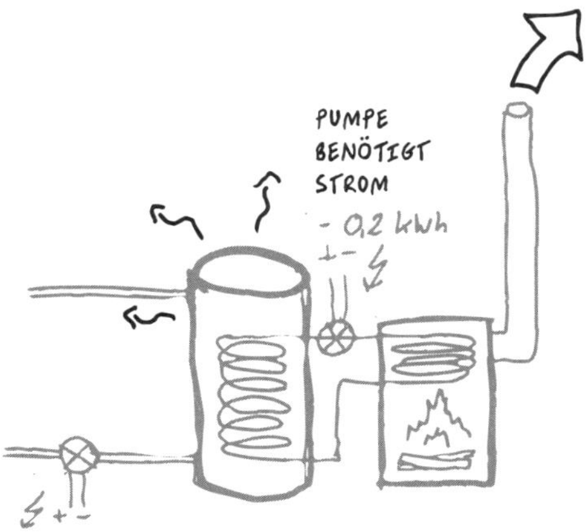

VERLUSTE STEHEN DEM HAUS NICHT ALS WÄRME ZUR VERFÜGUNG
ANTRIEBS- UND STEUERSTROM MUSS ZUSÄTZLICH ERGÄNZT WERDEN

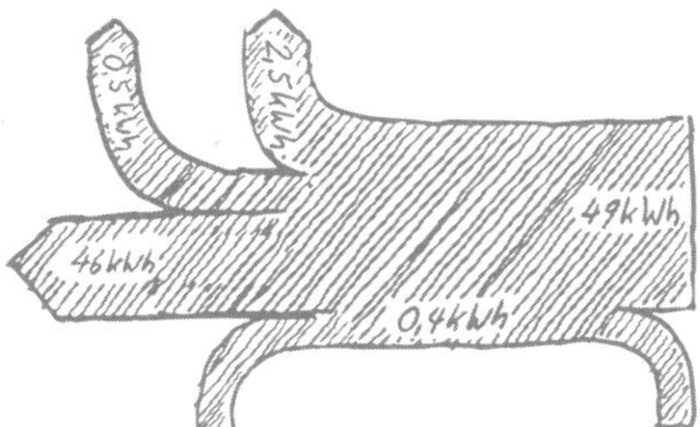

BENÖTIGTE ENERGIE

	49 kWh	BRENNSTOFF
+	0,44 kWh	STROM
	49,44 kWh	

BEREITGESTELLTE WÄRME
46 kWh

⇒ COP 1,07

⇒ NUTZUNGSGRAD 0,93

Endenergie

Die Endenergie bezeichnet die **Energiemenge,** die dem Haus zur Verfügung gestellt wird, um durch Haustechnik in Wärme umgeformt zu werden. Damit wird die im Energieträger befindliche Energie erfasst. Da es sich um den Bedarf des Gebäudes handelt, ist die Endenergie auch gleichzusetzen mit der Menge an Energie oder Brennstoff, die der Nutzer einkaufen und somit bezahlen muss. Dabei werden die jeweiligen Energieträger dem Hausbesitzer in sehr verschiedenen Abrechnungseinheiten berechnet, müssen dann aber von den Planern in Energiemengen umgerechnet werden.

Gas enthält ca. 10 kWh an Energie in einem Kubikmeter. Demnach finden wir den Endenergiebedarf des Hauses auf der Gasrechnung oder dem Gaszähler als Verbrauch in m^3 angegeben.

Holzpellets enthalten ca. 5 kWh an Energie gebunden in einem Kilogramm Holz. Demnach finden wir den Endenergiebedarf des Hauses hier in der Abrechnung des Pelletlieferanten in kg angeben.

Strom hingegen muss nicht mehr umgewandelt werden, sondern wird eins zu eins als Energie geliefert. Hier gibt es keinen Energieträger wie bei Brennstoffen. Daher wird Strom direkt in kWh gezählt und abgerechnet.

Fernwärme ist die direkte Zufuhr von Wärme in das Haus, die an einem anderen Ort erzeugt wurde. Auch hier wird nichts umgerechnet, denn Wärme bleibt Wärme. Daher wird Fernwärme auch über einen Wärmemengenzähler abgerechnet.

Da die Endenergie den direkten Verbrauch und damit die Heizkosten eines Gebäudes abbildet, ist dieser Wert für Hausbesitzer oder Nutzer von großer Bedeutung. Sie entspricht dem Benzinverbrauch eines Autos: Wie viel Energie und damit Geld verbraucht mein Haus, um das ganze Jahr warmes Wasser und eine angenehme Innenraumtemperatur zu gewährleisten?

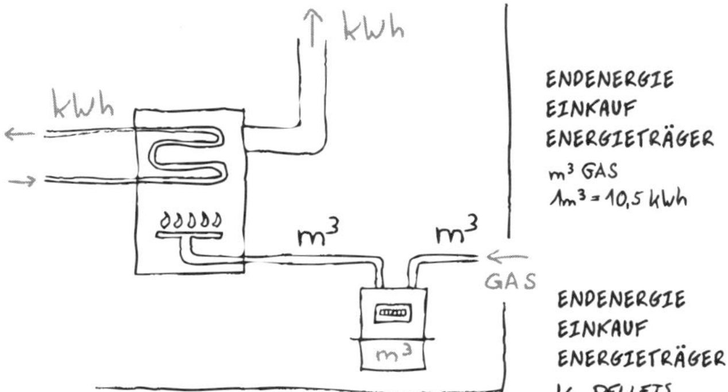
kWh
kWh
ENDENERGIE
EINKAUF
ENERGIETRÄGER
m³ GAS
1m³ = 10,5 kWh
m³
m³
GAS
m³

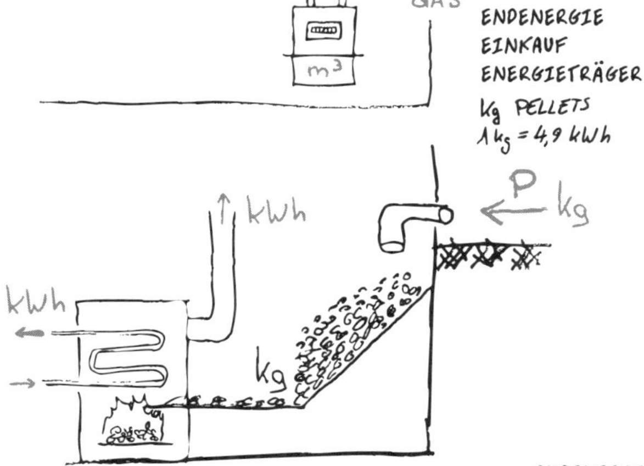
ENDENERGIE
EINKAUF
ENERGIETRÄGER
Kg PELLETS
1 kg = 4,9 kWh
P
kg
kWh
kWh
kg

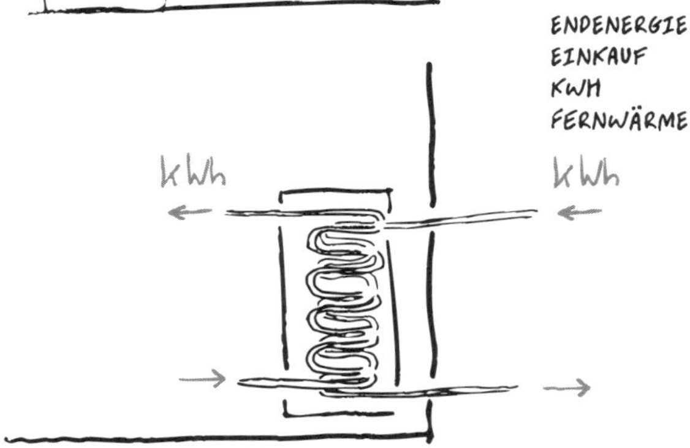
ENDENERGIE
EINKAUF
KWH
FERNWÄRME
kWh
kWh

Primärenergiefaktor

Der Primärenergiefaktor findet seine Anwendung im gesetzlichen Energienachweis. Wir finden die Primärenergie für alle sichtbar ausgewiesen auf den sogenannten Energieausweisen. Dieser Faktor wurde eingefügt, um für eine ökologische Bewertung des Energieverbrauchs eines Gebäudes den Aufwand für **Erzeugung und Transport** sowie entstehende Verluste eines Energieträgers zu berücksichtigen.

Der Bedarf an Endenergie eines Gebäudes wird mit dem Primärenergiefaktor multipliziert und ergibt so den Primärenergiebedarf, der Grundlage des Ernergienachweises ist.

Wir können uns das so vorstellen: Um einen Liter Heizöl für eine Heizung bereitzustellen, würde dieses Öl draußen auf dem Meer mittels einer Ölplattform gefördert. Dabei wird Energie für Bohrer, Pumpen sowie die Plattform benötigt. Wenn das Öl nun ans Tageslicht gefördert wurde, muss es auf einem Schiff an Land gebracht werden. Dort wird es zu einer Raffinerie transportiert, denn Erdöl muss erst in verschiedene Komponenten aufgeteilt werden, damit Heizöl, Benzin, Diesel oder Kerosin daraus hervorgehen. Dabei werden überflüssige Bestandteile oft verbrannt. Es entsteht eine Umweltbelastung und Energie geht verloren. Das fertige Produkt bringt dann ein Lkw zum Haus. All diese Prozesse mit der verbundenen Energie und Verlusten sind bereits abgeschlossen, wenn unsere Heizung dieses Heizöl zu CO_2 und Wasserdampf verbrennt und dabei Wärme bereitstellt. Diese Prozesse im Vorfeld führen zu einer Umweltbelastung, die über den Primärenergiefaktor berücksichtigt wird.

Die sogenannte Primärenergie ist daher die relevante Größe zur **Bewertung der Umweltbelastung** eines Hauses und seiner Energieversorgung. Dieser Wert wird vom Gesetzgeber gefordert, bildet aber nicht den Verbrauch des Gebäudes ab.

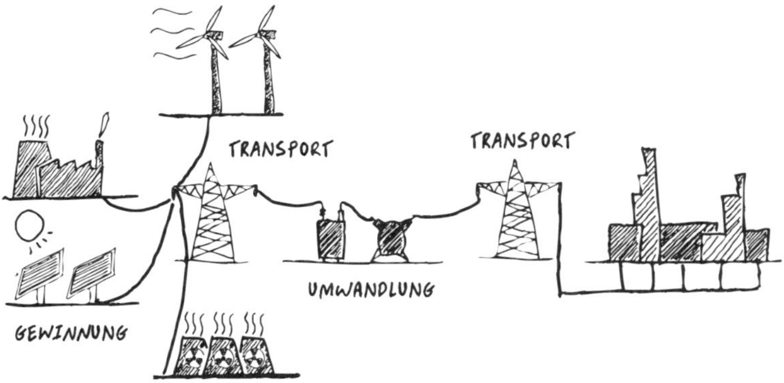

PRIMÄRENERGIE = ENDENERGIE × f_p

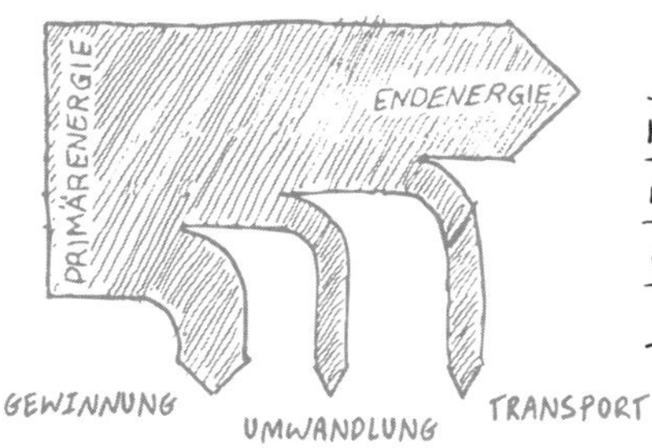

	f_p	CO_2 kg/kWh	HEIZWERT
HOLZPELLETS	0,2	0,02	4,9 kWh/kg
FERNWÄRME	0,7	0,29	
GAS/ÖL	1,1	0,24/0,31	10,5 kWh/m³ 10,1 kWh/l
STROM	1,8	0,62	

Anlagenaufwandszahl

Die Anlagenaufwandszahl nach DIN 4701-1 ist nicht zu verwechseln mit der Erzeugeraufwandszahl. Der Begriff ist etwas verwirrend. Im Gegensatz zur Erzeugeraufwandszahl betrachtet die Anlagenaufwandszahl den **gesamten Prozess der Wärmegewinnung** von der Quelle des Energieträgers bis zur endgültigen Raumwärme. Man könnte sagen, hier wird der vollständige Prozess von der Energiegewinnung bis zur Wärmeerzeugung als eine „Anlage" zusammengefasst.

Dieser Wert stellt eine Fusion aus JAZ und Primärenergiefaktor da. Damit bildet die Anlagenaufwandszahl gleichzeitig die Effizienz der eingebauten Technik und von deren Energieträgern ab. Hier wird ein Shortcut direkt von der Heiz- oder Nutzenergie zur Primärenergie gemacht.

Viele Hersteller liefern diese Zahl bereits in den technischen Unterlagen zu Wärmeerzeugern. Man muss nur darauf achten, dass sich Primärenergiefaktoren nicht seit Druck der Herstellerunterlagen verändert haben. Dies ist bei Strom in der Vergangenheit bereits geschehen und wird wohl aufgrund steigender regenerativer Anteile auch wieder passieren. Denn Strom wird immer erneuerbarer und damit sinkt auch die Umweltbelastung dieser Energiequelle kontinuierlich.

Wenn also die Endenergie als Zwischenergebnis egal ist und nur eine gesetzlich relevante Größe gesucht wird, kann man direkt mit der Anlagenaufwandszahl rechnen, so man diese denn kennt. Zu ermitteln ist sie jedoch sehr einfach: Der Kehrwert des Nutzungsgrades wird multipliziert mit dem Primärenergiefaktor des Energieträgers und schon haben wir die Anlagenaufwandszahl.

Verbrauche ich 100 kWh an Wärmeenergie, die mit einer Luft-Wasser-Wärmepumpe mit einem JAZ von 3 erzeugt wurde, benötige ich 33 kWh an Strom. Diese Endenergie benötigt wiederum bei einem Primärenergiefaktor von 1,8 eine Primärenergie von 60 kWh. Damit ist die Anlagenaufwandszahl für diese Luft-Wasser-Wärmepumpe 0,6.

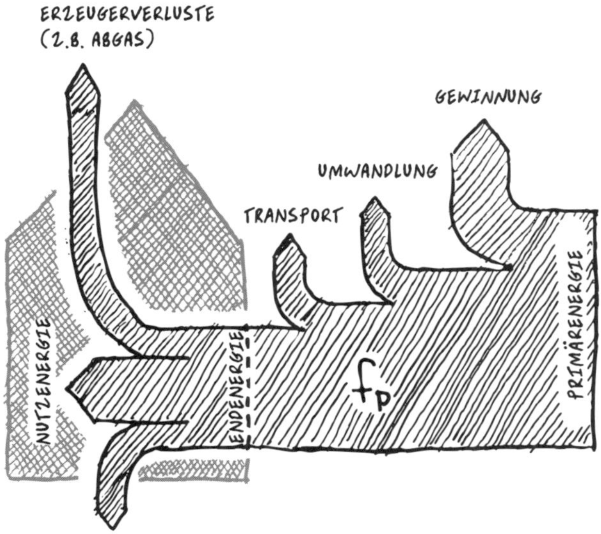

100% ENDENERGIE

↳ 93% NUTZENERGIE (WÄRME)

↳ NUTZUNGSGRAD 0,93

UMGEKEHRT

100% NUTZENERGIE X 0,93 = 107% ENDENERGIEBEDARF

PRIMÄRENERGIEFAKTOR 1,1

107% × 1,1 = 117,7% PRIMÄRENERGIEBEDARF

↳ ANLAGENAUFWANDSZAHL 1,177

Heizlast

Die Heizlast gibt uns an, welche **Leistung unsere Heizungsanlage** haben muss, um unser Haus in jeder Lebenslage mit genügend Wärme zu versorgen. Dabei kommt es auf die Wärmedämmqualität der Hülle und das zu beheizende Innenvolumen an. Die Leistung der Heizung wird dabei aber nur selten benötigt und ist daher die Auslegung für den statistisch schlimmsten Fall. Wie diese Extremsituation aussieht, hat uns die DIN EN 12831 vorgegeben.

Die Annahme lautet:

- Das Gebäude ist völlig leer, es gibt keine internen Gewinne.
- Es scheint keine Sonne, es gibt keine solaren Gewinne.
- Draußen herrschen die statistisch kältesten Temperaturen, diese nennen wir Norm-Außentemperatur Θ_e, sie entspricht der tiefsten Temperatur einer Kälteperiode (muss zehnmal innerhalb von 20 Jahren an zwei aufeinanderfolgenden Tagen gemessen worden sein).
- Es ist eine angestrebte Temperatur zu erreichen, diese nennen wir Norm-Innentemperatur Θ_{int}.

Daraus ergeben sich dann die Norm-Verluste:

- Norm-Transmissionsverluste Φ_T (siehe nachfolgende Kapitel)
- Norm-Lüftungsverluste Φ_V (siehe nachfolgende Kapitel)
- Diese werden noch ergänzt um die Aufheizlast ΦRH

Am Ende werden alle Verluste und die Aufheizlast einfach addiert.

Dabei können wir die Heizlast einzelner Räume bestimmen, um die Größe der wärmeabgebenden Flächen zu bestimmen oder die des ganzen Hauses, um die Leistung des Wärmeerzeugers zu berechnen. Die Heizlast eines Hauses ist logischerweise die Summe der Heizlasten aller Räume.

Warum noch eine Aufheizlast, wenn doch schon die denkbar schlimmste Situation als Grundlage gewählt wurde? Nun, vielleicht kann man sich das so vorstellen: Wenn eine Heizung abgedreht wurde, dann ist nicht nur das Hausinnere kalt, sondern das gesamte System Heizung wurde abgekühlt. Wasser als Energieträger, Wärmetauscher und andere Metallbauteile müssen nun auch erst mal wieder erwärmt werden, bevor das Haus selber aufgeheizt werden kann. Das ist eine zusätzliche Last für den Sonderfall Heizlast, die die maximale Leistung der Heizung erfordert.

$$\left(H_T + H_V\right) \times \Delta T$$

H_T TRANSMISSIONSWÄRMEVERLUSTE (SIEHE NÄCHSTE SEITE)
H_V LÜFTUNGSWÄRMEVERLUSTE (SIEHE ÜBERNÄCHSTE SEITE)

ΔT NORMINNENTEMPERATUR – NORMAUßENTEMPERATUR

NORMINNENTEMPERATUR
DIN 4108-6 TABELLE 2

- AUFENTHALTSRÄUME +20°C
- BÄDER, UMKLEIDEN ETC. +24°C
- NEBENRÄUME BEHEIZT +15°C
- UNBEHEIZTE NEBENRÄUME +10°C

NORMAUSSENTEMPERATUR
DIN 4710

- 4 KLIMAZONEN UND 20 STÄDTE

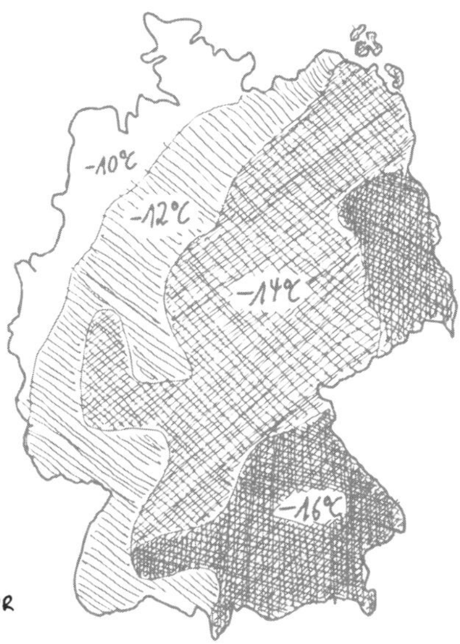

TIEFSTE TEMPERATUR

- 10-MAL IN 20 JAHREN
- AN MIND. 2 AUFEINANDERFOLGENDEN TAGEN

Norm-Transmissionsverluste (H_T)

Die Norm-Transmissionsverluste bilden bei unserer Berechnung die **Größe der Hüllfläche** sowie deren **Wärmedämmqualität** ab. Die Norm-Transmissionsverluste eines beheizten Raums berechnen wir nach DIN EN 12831. Im Grunde ist das ganz einfach. Man benötigt die U-Werte der raumbegrenzenden Bauteile, also der Wände, Decken und Böden. Dazu benötigt man die Flächen dieser Bauteile. Hier muss man etwas aufpassen, denn uns interessieren immer die Flächen, welche auf ihren kälteren Seiten die Luft berühren, die also von außen sichtbar sind.

Als Nächstes benötigen wir nur noch die Temperaturdifferenz zwischen Norm-Innentemperatur und Norm-Außentemperatur:

- Wärmedurchgangskoeffizient (U)
- Fläche des Bauteils (A)
- Temperaturdifferenz ($\Delta T = \Theta_{int} - \Theta_e$)

Alle drei Werte werden dann je Bauteil multipliziert.
Die Ergebnisse der Einzelbauteile werden alle addiert.

Achtung: Wenn wir in korrekter Weise auch die Verluste und Gewinne zwischen Innenräumen mit verschiedenen Norm-Innentemperaturen berücksichtigen, so wird ΔT natürlich aus der Differenz dieser beiden Temperaturen berechnet. Das ist zum Beispiel der Fall bei Aufenthaltsräumen mit angrenzenden unbeheizten Treppenräumen, Bädern und Fluren.

Die Multiplikation von Wärmedurchgangskoeffizient (U) und Fläche (A) ist im Übrigen der Transmissionswärmeverlustkoeffizient (H_T), der uns öfter in diesem Buch begegnet. Dieser Wert taucht ständig in vielen Berechnungen und der Literatur auf und sollte daher bekannt sein.

$$H_T = \sum (F_{xi} \times U_i \times A_i) + H_{WB}$$

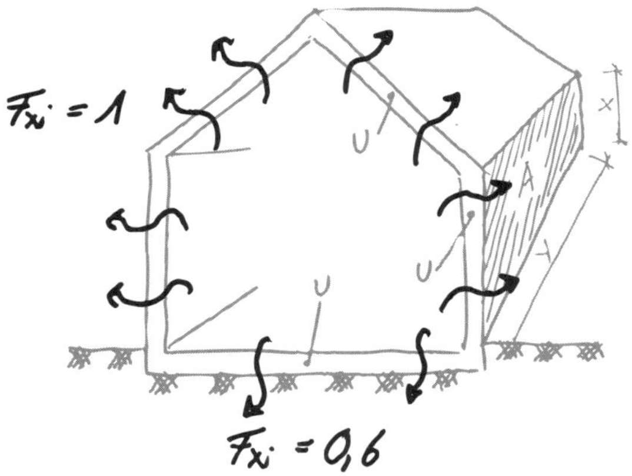

BAUTEIL	Fx	U-WERT (W/m²K)	FLÄCHE (m²)	H_T (W/K)
AUSSENWAND	1	0,21	50	10,5
DACH	1	0,18	100	18
BODENPLATTE	0,6	0,30	200	60
FENSTER	1	0,90	10	9
WÄRMEBRÜCKENZUSCHLAG			Σ 360	18

$\Sigma = 115{,}5$ W/K

DIN 4108 BBL. 2
0,1 PAUSCHAL
0,05 OPTIMIERT KATEGORIE A
0,03 OPTIMIERT KATEGORIE B

Norm-Lüftungsverlust (H_V)

In den Norm-Lüftungsverlusten geht nun als einzige planerische Variable das **Innenvolumen** unserer Räume mit ein, welches äquivalent dem zu erwärmenden Luftvolumen ist. Den Rest können wir nicht beeinflussen. Hier bemerken wir sehr schnell, welche Auswirkungen zum Beispiel große lichte Raumhöhen auf den Bedarf an Heizleistung haben. Auch wenn es uns nicht logisch erscheint, dass man Räume, die man aufheizen will, gleichzeitig lüftet, ist hier dennoch dieselbe **Luftwechselrate** zu berücksichtigen wie im normalen Betrieb.

Zur Berechnung der Norm-Lüftungsverluste benötigen wir demnach:

- Das Luftvolumen des aufzuheizenden Raums (V)
- Die Wärmekapazität von Luft (c_p)
- Die Dichte von Luft (ρ)
- Wobei c_p und ρ zusammen eine Konstante von 0,34 ergeben
- Temperaturdifferenz ($\Theta_T = \Theta_{int} - \Theta_e$)
- Der Luftwechsel

Die Multiplikation von Wärmekapazität (c_p) und Dichte (ρ) von Luft mit dem Raumvolumen (V) und dem Luftwechsel ist im Übrigen der Lüftungswärmeverlustkoeffizient (H_V). Dieser begegnet uns ebenfalls noch öfter in diesem Buch und einschlägiger Literatur und sollte daher auch bekannt sein.

Weiterhin ist schon an der Formel sehr gut sichtbar, dass die einzige Variable, die der Planer beeinflussen kann, das Luftvolumen, also Raumgröße und Raumhöhe, ist.

$$H_V = (\rho_L \times c_{pL}) \times n \times V$$

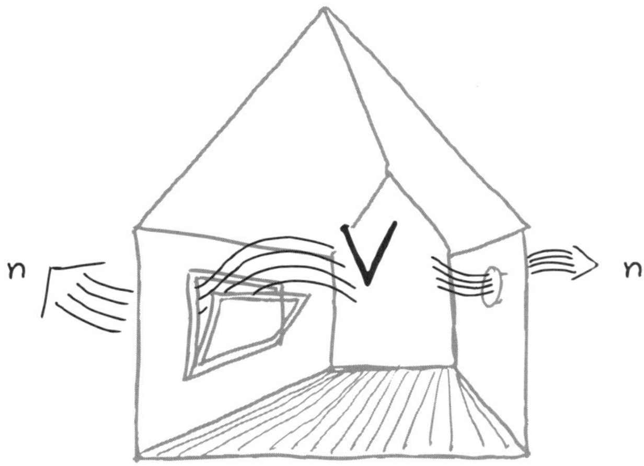

n = LUFTWECHSELRATE

V = NETTOVOLUMEN RAUM ODER HAUS

KONSTANTE

$(\rho_L$ (DICHTE) $\times c_{pL}$ (KAPAZITÄT)) = 0,34 Wh/m³K

LUFTWECHSELRATEN

OHNE DICHTHEITSPRÜFUNG 0,7/H

MIT DICHTHEITSPRÜFUNG
- FENSTERLÜFTUNG 0,6/H
- ZU-/ABLUFTANLAGE 0,6/H
- ABLUFTANLAGE 0,55/H
- ABLUFTANLAGE BEDARFSGEFÜHRT 0,5/H

Gas

Da ich hier das Heizen mit Kohle und Öl nicht nur aus Überzeugung, sondern auch wegen der zweifelhaften Zukunftsfähigkeit weglasse, wollen wir doch einen kurzen Blick auf die Gasheizung werfen. Um mit Gas **1 kW an Wärme** zu erzeugen, wird immerhin noch **0,009 g Feinstaub** in die Atmosphäre gepustet und es werden **249g CO_2** in die Umwelt emittiert. Verbrennungsheizungen haben einen nicht unerheblichen Anteil an Feinstaubemissionen in den Großstädten. Dennoch sind diese noch immer nicht vollständig verzichtbar. Im Gebäudebestand gibt es noch kaum Alternativen. Doch wie jede andere Technik hat sich auch die Gasheizung mit der Zeit weiterentwickelt, sodass sich die Effizienz dieser Technik ständig verbesserte. Hatte eine Heizung der 70er-Jahre noch eine Effizienz von gerade mal 65 % so hat die Industrie es heute mit der Brennwerttechnik auf ca. 97 % geschafft. Demnach verbrennt man heute 32 % weniger Gas, um dieselbe Wärme zu erzeugen.

Grundsätzlich müssen die Architekturstudierenden von heute über diese Technologie nur so viel wissen: Sie bedarf eines fossilen Brennstoffs, der entweder flüssig oder gasförmig dem Haus zugeführt wird. Sie benötigt einen Schornstein bzw. ein Abgasrohr (architektonisch ganz wichtig). Die Zukunftsfähigkeit dieser Technologie hängt maßgeblich davon ab, wie wir in Zukunft den Brennstoff herstellen werden. Erdgas oder Erdöl sind hier als Quellen der Zukunft eher zweifelhaft.

Fossile Brennstoffe haben gesetzlich festgelegt einen Primärenergiefaktor von 1,1. Sprich, der Gesetzgeber geht davon aus, dass für Gewinnung, Umwandlung und Transport von Gas oder Öl zusätzlich zum Verbrauch vor Ort weitere 10 % an Energie benötigt werden.

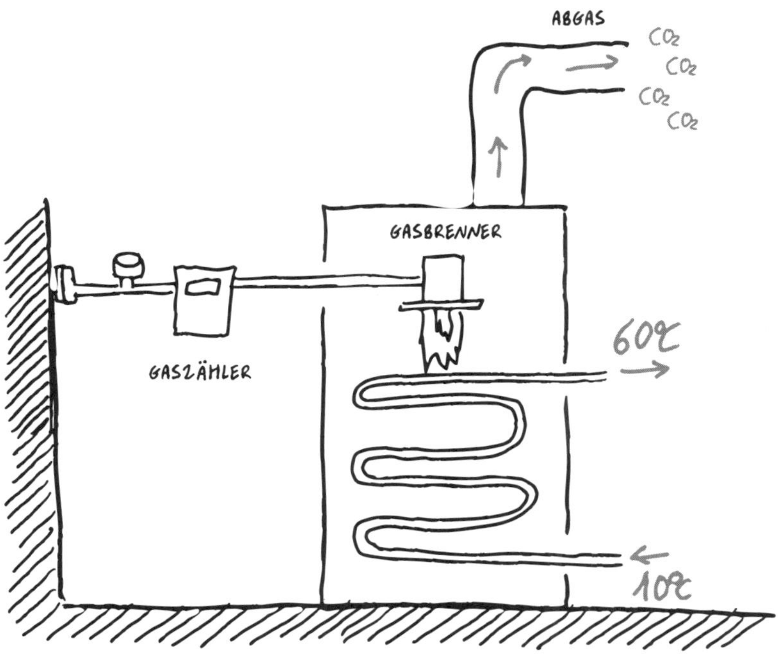
ABGAS
CO2
CO2
CO2
CO2
GASBRENNER
60°C
GASZÄHLER
10°C

Holzscheite und Pellets

Das Verbrennen von Holz ist tatsächlich noch nicht in die romantische Ecke offener Kaminfeuer verbannt. Es gibt noch immer Heizungen, die mit dem Rohstoff Holz arbeiten. Ob das Verbrennen zur Wärmegewinnung sonderlich sinnvoll und nachhaltig ist, erscheint jedoch fragwürdig. Nach Angaben der Stiftung Unternehmen Wald speichert zum Beispiel eine Fichte im Laufe von 100 Jahren ca. 2,6 t CO_2, das sie aus der Atmosphäre filtert und in Holz umwandelt. Wenn wir das Fichtenholz verbrennen, setzen wir dieses CO_2 innerhalb von wenigen Stunden wieder frei. Es handelt sich dabei zwar um einen Stoffkreislauf, dennoch beschleunigen wir diese Rückführung von CO_2 in die Atmosphäre erheblich und stören dabei die Bilanz unserer Atmosphäre. Verwenden wir Holz dagegen als Baumaterial, entziehen wir dieses CO_2 dauerhaft dem Kreislauf und speichern es in unseren Häusern.

Auch die Feinstaubbelastung, die durch das Verbrennen von Feststoffen entsteht, ist nicht zu vernachlässigen. Denn bei der Verbrennung von **Scheitholz** oder Hackschnitzeln entsteht **0,265 g Feinstaub** auf **1 kW Wärme.** Das ist etwa 85-mal so viel Feinstaub wie bei der Verbrennung von Öl. Für **Holzpellets** kann aufgrund ihrer Aufbereitung, für welche es aber wieder Energie bedarf, die **Feinstaubbelastung auf 0,079 g** reduziert werden. Die Heizung wirft dann aber immer noch 25-mal so viel Feinstaub aus wie eine Ölheizung und sogar 90-mal so viel wie eine Gasheizung. Dennoch ordnet der Gesetzgeber den Energieträger Holz als besonders nachhaltig ein. In der primärenergetischen Bewertung hat Holz sogar einen **Primärenergiefaktor von 0,2.**

Für die Planung von Gebäuden, so man sich für den Energieträger Holz entschieden hat, sind für die Verbrennung ein paar Bedingungen zu beachten. Es werden unter anderem entsprechende **Lagervolumen** benötigt, die Einfluss auf das Raumprogramm eines Hauses haben können. Denn dieser Brennstoff kann nun mal nicht durch eine Leitung mit einem Durchmesser von 2–3 cm einem Haus unsichtbar unterirdisch zugeführt werden. Und leider ist auch das benötigte Raumvolumen eines Lagers für Pellets dreimal größer als ein Heizöltank, wenn der Vorrat genauso lange halten soll.

CO2 CO2 CO2
CO2 CO2
CO2
O2 O2
CO2

CO2 CO2 CO2
CO2 CO2
CO2
O2 O2
CO2 CO2 CO2 CO2

CO2 CO2 CO2
LAGER
60°C
ABGAS
10°C
TRANSPORT
PELLETHEIZUNG

Brennwerttechnik

Auch wenn ich der Überzeugung bin, dass das Thema Heizen durch Verbrennen fossiler Brennstoffe schon bald Vergangenheit ist, soll doch hier der Brennwerttechnik, unserer derzeit einzigen Brückentechnologie, auch eine kurze Betrachtung eingeräumt werden. Schließlich könnte diese Technologie mit erneuerbarer Gasproduktion wie Biogas oder Power to Gas eine nachhaltige Zukunft haben.

Eigentlich sagt der etwas merkwürdig anmutende Name bei genauer Betrachtung alles über diese Technologie aus. Es wird hier aus der Verbrennung mehr Wert, also mehr Wärme gewonnen. Wie machen die Hersteller dieser Geräte das? Es ist eigentlich ein recht simpler Gedanke. Wir wissen, dass die größten Verluste bei der Verbrennung zum Zweck der Heizung durch die entweichenden warmen Abgase entstehen, die durch den Schornstein das Gebäude verlassen. Da bietet es sich an, diese Wärme aus dem Abgas auf dem Weg nach draußen durch einen **Wärmetauscher** zu schicken und sie somit dem System wieder nutzbar zu machen. Diese Technologie ermöglicht es, die Effizienz einer modernen Verbrennungsheizung von ca. 89 auf 97 % zu erhöhen.

Leider hat diese Technik aber auch ein paar Nachteile, die der Architekt kennen sollte. Bei der Wärmerückgewinnung wird das Abgas so stark abgekühlt, dass **Kondenswasser** entsteht. Die Heizung benötigt also eine technische Möglichkeit, diese Feuchtigkeit wieder loszuwerden. Und da das Abgas nun nur noch lauwarm ist, funktioniert der natürliche Kamineffekt der Schornsteine nicht mehr, was dazu führt, dass das Abgas unterstützt durch einen Ventilator aus dem Gebäude transportiert werden muss – und der ist zumeist zum Leid vieler Nachbarn nicht lautlos.

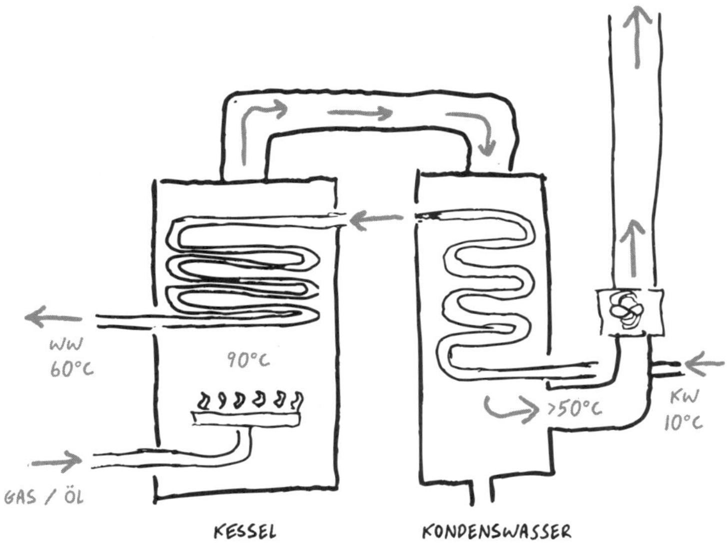
WW
60°C
90°C
GAS / ÖL
>50°C
KW
10°C
KESSEL
KONDENSWASSER

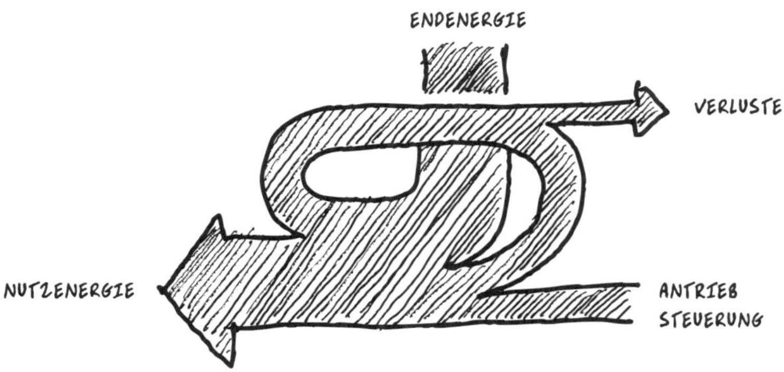
ENDENERGIE
VERLUSTE
NUTZENERGIE
ANTRIEB
STEUERUNG

Fern- und Nahwärme

Befindet sich eine Anschlussmöglichkeit an Fernwärme nahe genug am Projekt, werden mit der Nutzung dieser in der Regel die gesetzlichen Anforderungen an den Energiebedarf erfüllt. An dieser Stelle könnte man schon das Thema abschließen. Dennoch soll hier das Prinzip Fernwärme kurz erläutert werden.

Eine Bedingung dafür, dass man von Fernwärme sprechen kann, ist, dass Wärme als Abfallprodukt einer **Kraft-Wärme-Kopplung (KWK)** entsteht. Es ist also die Abwärme eines Kraftwerks, das zumeist eigentlich Strom erzeugt. Dieser Umstand macht konzeptionell eine Wärme, die hauptsächlich aus fossilen Brennstoffen gewonnen wird, zu einer sehr viel nachhaltigeren Energiequelle. Die Wärme ist ja ohnehin schon da. So hat Fernwärme allgemein einen Primärenergiefaktor von nur 0,7. Und sogar dieser Wert kann durch den Energieversorger bzw. Kraftwerkbetreiber noch über Nachweise unterschritten werden.

Neben dem großen Vorteil, dass man mit Fernwärme spielend die gesetzlichen Bedingungen erfüllt und nicht mal mehr eine zusätzliche regenerative Energiegewinnung einplanen muss – so denn die Fernwärme aus Kraft-Wärme-Kopplung stammt –, hat die Fernwärme noch einen weiteren Vorteil. Man muss planerisch hinsichtlich Raumprogramm und Versorgungsleitungen für die Gebäudewärme kaum etwas berücksichtigen. Auf eine differenzierte Betrachtung dieser Technik im Heizungsraum an sich kann hier verzichtet werden.

Die Nahwärme folgt dem gleichen Konzept wie die Fernwärme. Der Unterschied ist nur, dass die Nahwärme sehr viel kleinere Gebiete in Dimensionen von einzelnen Quartieren versorgt. So kann zum Beispiel ein Wohnquartier mit zentralem **Blockheizkraftwerk** (siehe Kapitel „BHKW") betrieben werden, welches dann aufgrund der Tatsache, dass auch hier die Abwärme der Stromproduktion als Heizenergie verwendet wird, auf gleiche Weise positiv im gesetzlichen Nachweis bewertet werden.

FERNWÄRME AUS KRAFT-WÄRME-KOPPLUNG

NAHWÄRME AUS BLOCKHEIZKRAFTWERK

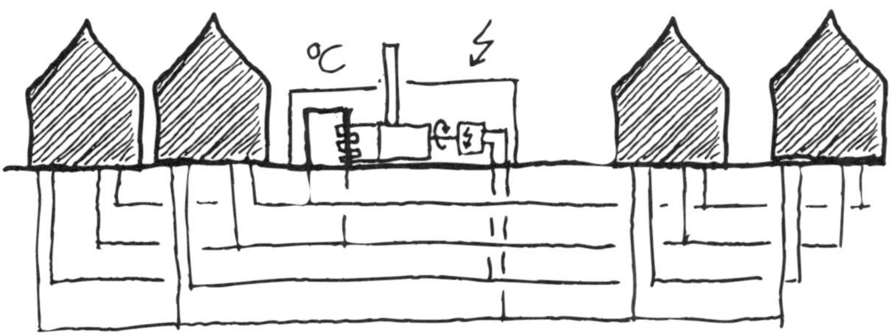

BHKW

Wenn man ein Heizkraftwerk ganz stark verkleinert und in den Keller eines Hauses stellt, dann hat man einfach gesagt ein BHKW. Die vier Buchstaben stehen für Block-Heiz-Kraft-Werk. Also wieder das bekannte Prinzip, dass man Strom erzeugt und dabei Wärme abfällt. Die Stromproduktion wird hier mit dem Begriff Kraftwerk beschrieben. Die Wärme steckt im Heizwerk. Und da beides in einem Gerät gleichzeitig passiert, ist es eben ein Block.

BHKWs werden in der Regel mit Gas oder flüssigen Brennstoffen wie Benzin oder Rapsöl betrieben. Wenn man genau hinsieht, steht da der Motorblock eines Pkw in einem weniger schnittigen Gehäuse ohne Räder im Keller. Diese Klein- oder Minikraftwerke verbrennen Gas oder Öl/Benzin mittels eines **Otto- oder Sterlingmotors.** Der Motor treibt einen Stromgenerator an. Vergleichbares sieht man auch als Notstromgenerator in Gebäuden oder als Stromgenerator auf Baustellen hin und wieder. Die dabei erzeugte Wärme wird aber hier auch noch zum Beheizen des Hauses verwendet. Damit macht man sich die negative Eigenschaft der Stromgewinnung zunutze, nämlich dass dabei zwei Drittel der Energie in Wärme und nur ein Drittel in Strom umgewandelt werden.

Die Krux dabei ist, dass ein Wohngebäude, das im Sommer seinen Strom über das BHKW erzeugen will, die zugleich erzeugte Wärme überhaupt nicht komplett gebrauchen kann. Wer ein Auto mit Verbrennungsmotor besitzt, der weiß, dass die Heizung im Auto erst nach ein paar Minuten Motorlaufzeit funktioniert. Dies liegt daran, dass sich das Kühlwasser des Motors erst einmal erwärmen muss. Genau genommen ist die Heizung im Auto so auch das Ergebnis einer Kraft-Wärme-Kopplung. Der Motor treibt mit seiner Kraft das Auto an, versorgt es über eine Lichtmaschine mit Strom und liefert zugleich die Wärme für den Innenraum. Auch hier wird die Wärme aber im Sommer nicht benötigt, sondern über den Kühler einfach in die Umgebung abgeführt.

Der Primärenergiefaktor eines BHKWs ist dennoch aufgrund dieser doppelten Ausnutzung der Energie immer noch besser als der einer reinen Heizung mit demselben Medium.

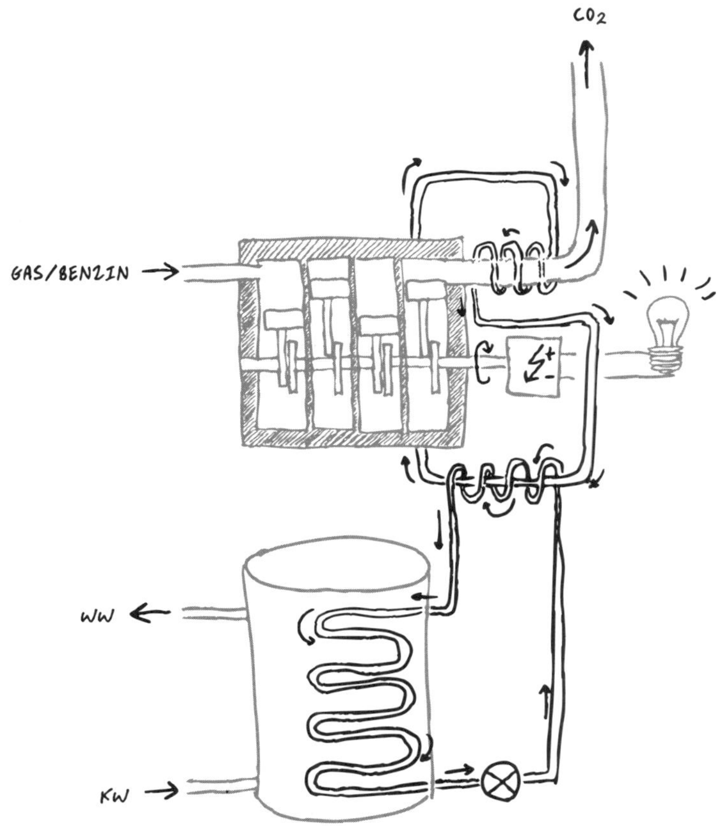

CO_2
GAS/BENZIN
WW
KW

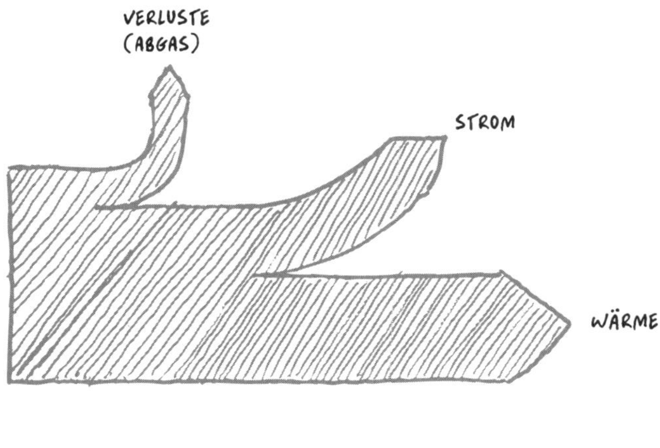

VERLUSTE
(ABGAS)
STROM
WÄRME

Brennstoffzellen

Eine Sonderform der Energiegewinnung in BHKWs ist die Brennstoffzelle. Der Name ist für den Laien eher irreführend. Da aber bis heute der Wirkungsgrad mit 1 kW Heizleistung für die meisten Anwendungen eher zu gering ist, wird sie in der Regel mit einer Gasbrennwerttherme kombiniert verwendet. Diese Kombination macht schon dadurch Sinn, dass das Erdgas auch als Energieträger für die Brennstoffzelle verwendet wird. Die Brennstoffzelle benötigt **Wasserstoff,** das flüchtigste Element unseres Periodensystems. Wir können Wasserstoff nicht lange lagern und auch nur aufwendig herstellen. Es wird daher aus dem Erdgas (CH_4) heraus gespalten. Dabei bleibt leider Kohlenstoff übrig. Weiterhin fällt noch Schwefel ab – das aber nur deswegen, weil die Lieferanten ihn vorher als Geruchsstoff hinzugefügt haben. Dies dient der sensorischen Gefahrenabwehr, da die meisten Kohlenstoffverbindungen eigentlich geruchlos sind.

Im Grunde erzeugt die Brennstoffzelle nicht durch Verbrennung Energie, sondern dadurch, dass sie in einem **chemischen Prozess** Wasserstoff mit Sauerstoff zu Wasser reagieren lässt und man die dabei frei werdende Energie nutzt.

Wasserstoff und Brennstoffzellen gelten als Zukunftstechnologien der Energiegewinnung. Die zu lösenden Probleme bestehen hauptsächlich in der Produktion und Lagerung des Wasserstoffs. Doch die Technologie lässt noch viel erwarten. Da Brennstoffzellen in beide Richtungen funktionieren, kann der Wasserstoff aus ebenderselben Zelle durch Zuführen von Strom durch Spaltung aus Wasser hergestellt werden. Ein schönes Denkmodell wäre zum Beispiel ein Wohnhaus mit Photovoltaik auf dem Dach und Brennstoffzelle im Keller. Am Tag wird der überschüssige solargewonnene Strom verwendet, um einen Tank voller Wasser in Wasserstoff aufzuspalten und nachts wird der Wasserstoff wieder in Wasser zurückgewandelt und dabei Strom erzeugt. Das ist eine Art sauberer „Wasserbatterie", die sogar noch Raumwärme erzeugt.

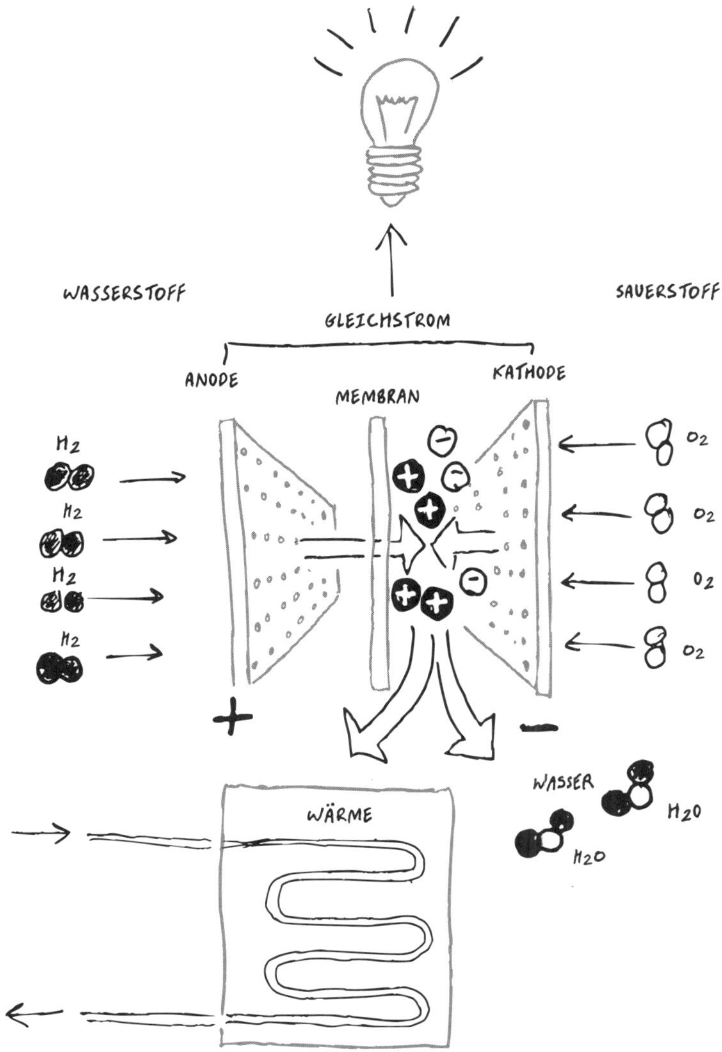
WASSERSTOFF
SAUERSTOFF
GLEICHSTROM
ANODE
MEMBRAN
KATHODE
H2
O2
WASSER
H2O
WÄRME

Umweltwärme

Die Umweltwärme ist eine der **erneuerbaren Energiequellen.** Erneuert wird diese dabei nicht von uns, sondern von der Sonne. Auch in der Wärmeerzeugung oder hier wohl besser Wärmegewinnung kennen wir Möglichkeiten, die Sonnenenergie nutzbar zu machen. Wir wissen, wenn Sonnenstrahlen auf ein Objekt treffen, wird dieses erwärmt. Diese Wärme müssen wir also nur noch einsammeln. Dazu stehen uns verschiedene Arten von Kollektoren und Wärmetauschsystemen zur Verfügung. Da sich dieses Buch auf Wärme und Luft beschränkt, möchte ich hier die Stromerzeugung außer Acht lassen und nur kurz beleuchten, welche Formen der direkten Nutzung von regenerierbarer Umweltwärme wir heute haben und verwenden:

- Da ist die **Erdwärme.** Also die Wärme, die sich unter unseren Füßen in der Erde befindet. Alle wissen, dass es ab einer gewissen Tiefe unter der Erde keinen Frost mehr gibt. Buddelt man noch tiefer, wird die Temperatur des Erdreichs immer konstanter und pendelt sich ab ca. 15 m auf ca. 10 °C ein. Diese Wärme können wir nutzen.
- Auch das **Grundwasser** kann als Energiequelle verwendet werden. Die Temperatur liegt bei um die 8–12 °C, je nach Jahreszeit.
- Aber auch die **Luft** können wir als Energiequelle nutzen. Die Temperatur der Luft ist zwar nicht so konstant und kann auch mal sehr niedrig werden, aber die meiste Zeit ist dennoch genug Wärme da, um noch etwas davon abzugewinnen.

Um diese Umweltenergien zu nutzen, bedarf es technischer Einrichtungen, die den jeweiligen Medien Energie entziehen können. Da Energie sich grundsätzlich immer ausgleichen will, wandert sie immer von einem Ort mit höherem Energieniveau zu einem Ort mit niedrigerem Energieniveau – also von Warm zu Kalt. Man muss also im Prinzip nur ein Medium, das sehr viel kälter ist als seine Umgebung, durch diese leiten und es wird Wärme aus der Umgebung aufnehmen.

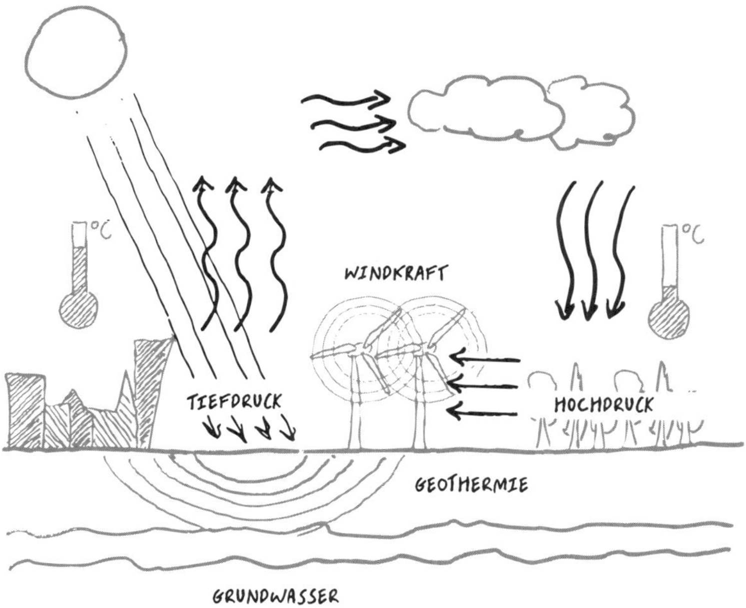

°C
WINDKRAFT
°C
TIEFDRUCK
HOCHDRUCK
GEOTHERMIE
GRUNDWASSER

Erde

Um Wärme aus unserer Erde zu gewinnen, gibt es verschiedene Verfahren bzw. Methoden. In der Regel gilt: Je tiefer ich in die Erde gehe, desto mehr Effizienz erreiche ich. Nur ist das leider nicht immer und überall möglich. Bei Bohrungen mit mehr als 100 m Tiefe tritt man sogar in den Bereich des Bergbaurechts ein. In manchen Gegenden ist die Bohrtiefe extrem beschränkt oder das Bohren sogar völlig verboten. Wir verwenden grundsätzlich drei verschiedene Systeme, um der Erde Energie zu entziehen.

Der **Erdwärmekollektor** wird großflächig oberflächennah wie eine umgekehrte Fußbodenheizung horizontal verlegt. Dabei wird er in der Regel in einer Tiefe von 2–4 m vergraben. Es besteht auch die Möglichkeit, diesen unter der Bodenplatte eines Hauses zu verlegen. Bei dieser geringen Tiefe unterliegt er noch den Temperaturschwankungen der Jahreszeiten, was die Effizienz ein wenig schmälert. Die Temperaturen pendeln hier zwischen 6 und 14 °C.

Habe ich weder große Flächen zur Verfügung noch darf ich tief bohren, kann ich mit **Erdwärmekörben** arbeiten. Diese sehen aus wie riesige Tauchsieder und stellen so über ihre Wendelungen große Oberflächen her. Diese Körbe erreichen Tiefen von 4–6 m. Damit profitieren sie schon etwas stärker von der konstanten Temperatur des tieferen Erdreichs.

Am häufigsten finden **Erdwärmesonden** Einsatz. Wir können quasi, solange es erlaubt ist, so tief bohren, wie wir wollen. Damit erreichen wir eine konstante Energiequelle über das ganze Jahr mit einer stabilen Temperatur von 10 °C.

Eine Variante der Erdwärmesonde sind **Energiepfähle.** Wenn ich ein Gebäude auf Pfählen gründen muss, bietet es sich an, diese Pfahlgründung auch gleich als Sonden zu verwenden. Der Nachteil hier ist nur, dass man ausfallende Pfähle nicht ersetzen kann.

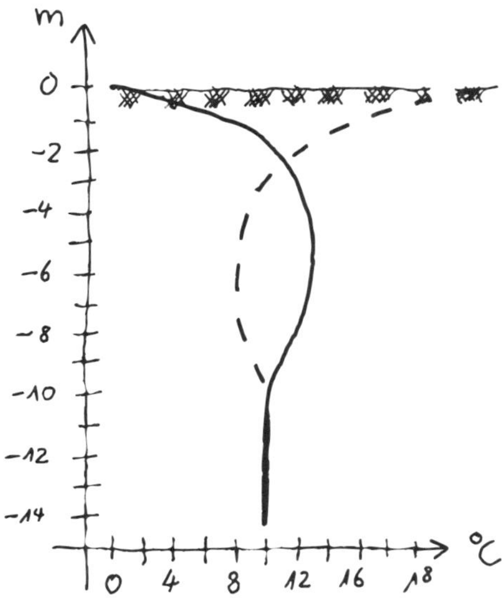
m
0
-2
-4
-6
-8
-10
-12
-14
°C
0
4
8
12
16
18

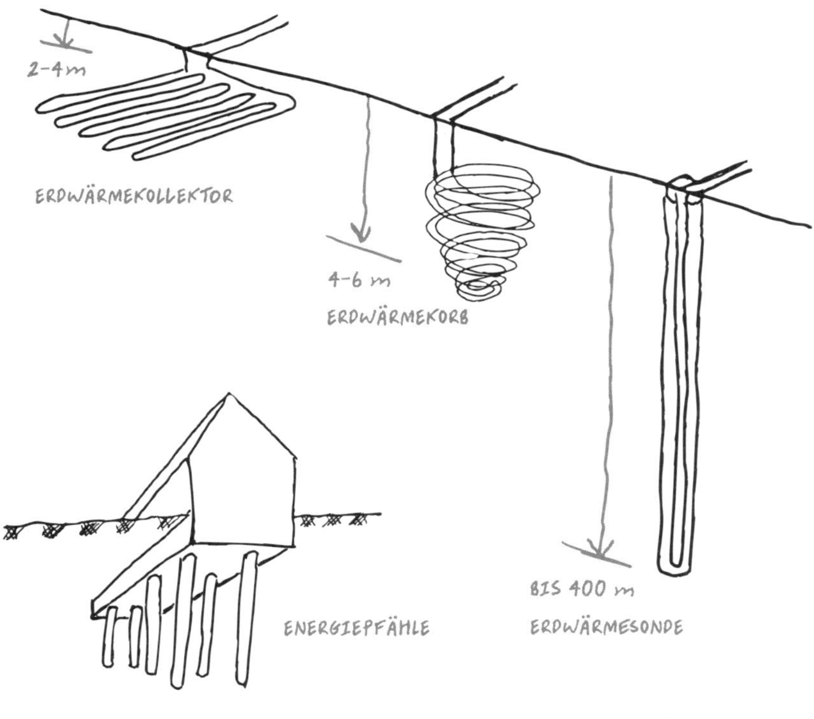
2-4 m
ERDWÄRMEKOLLEKTOR
4-6 m
ERDWÄRMEKORB
BIS 400 m
ERDWÄRMESONDE
ENERGIEPFÄHLE

Wasser

Wenn wir davon sprechen, Wärme aus Wasser zu gewinnen, wird in der Regel dazu das Grundwasser verwendet. Es gibt jedoch auch Abwasser verwendende Systeme, diese sind aber noch selten.

Die Verwendung unseres **Grundwassers** als Energiequelle ist nicht ganz so einfach, wie es klingt. Das Grundwasser ist ein empfindlicher Teil unseres Ökosystems und kann starke Temperaturschwankungen eigentlich nicht so gut verkraften. Daher ist die Entnahme von Wärme aus dem Grundwasser nicht nur begrenzt. Es besteht auch die Pflicht, dieselbe Menge an Energie, die man im Winter dem Grundwasser entnommen hat, ihm im Sommer wieder zuzuführen. Das kann ganz praktisch sein, wenn man das Gebäude sowieso im Sommer kühlen möchte, aber bedarf auch etwas mehr an Energieaufwand, da die Anlage im Sommer ebenfalls läuft, um aktiv das Gebäude zu kühlen und Wärme in das Grundwasser zu transportieren.

Unser **Abwasser** hat etwas höhere Temperaturen als das Grundwasser. In der Regel wurde es in Gebäuden durch Nutzungen wie Baden, Duschen, Kochen etc. vorgewärmt. Daher können wir hier auch theoretisch größere Wärmemengen zurückgewinnen. Nur erreicht auch diese Technologie schnell ihre Grenzen, denn Abwasser dürfen wir nicht zu stark abkühlen. Der Grund liegt in unserer Trinkwasseraufbereitung in den Klärwerken. Unser Wasser durchläuft einen ständigen Kreislauf. Wir verbrauchen und verunreinigen es. Es fließt in eine Kläranlage und wird dort wieder zu Trinkwasser aufbereitet. Diese Arbeit übernehmen in den Klärbecken vor allem Bakterien, die aber leider nicht gerne in kaltem Wasser arbeiten. Das Fazit: Kühlen wir unser Abwasser zu stark ab, können wir es am Ende nicht mehr klären und haben dann kein Trinkwasser mehr.

Das Potenzial, Wärme aus Wasser zu ziehen, ist so begrenzt, da wir hier zumeist in sehr empfindliche Ökosysteme eingreifen.

GRUNDWASSER

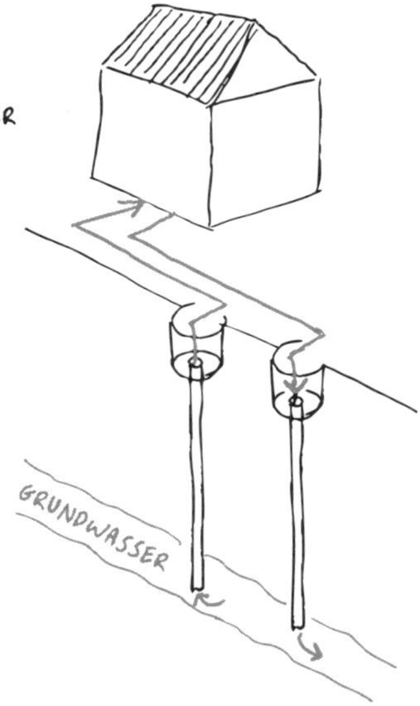

ABWASSER

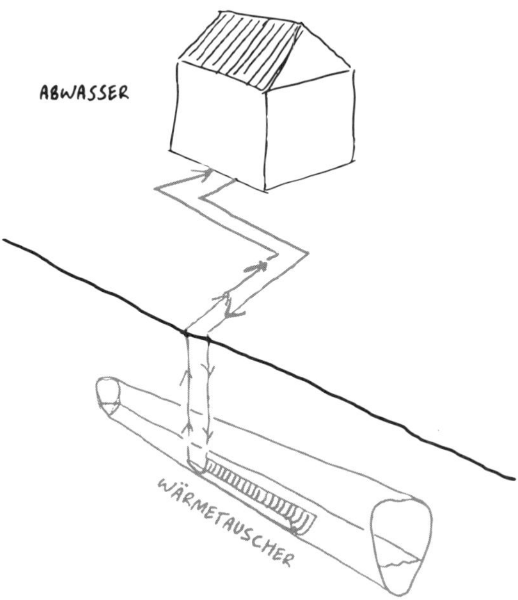

Luft

Der Luft Energie zu entziehen, ist technisch im Grunde nicht schwer. Das Prinzip ist dasselbe wie beim Autokühler oder dem Kühler auf unserem Hauptprozessor des Computers. Nur eben umgekehrt! Die sogenannten Kühler sind alle Wärmetauscher. Wir haben im Wärmetauscher einer Wärmepumpe, nur eben ein kälteres Medium, und wir wollen nicht Wärme abgeben, sondern aufnehmen. Wärmetauscher mit sehr großer Oberfläche sammeln Energie aus der Luft ein. Dabei wird die Luft zumeist mittels Ventilatoren bewegt, damit auch ständig neue wärmere Luft die abgekühlte ersetzt. Da aber nun mal die Temperatur der Umgebungsluft stark von Jahreszeiten und den klimatischen Bedingungen abhängt, unterliegt das Medium stärkeren Schwankungen als Wasser oder das Erdreich. Dennoch können wir dank der Wärmepumpentechnologie bis ca. –10 °C noch immer Energie aus der Luft gewinnen.

Um das Problem zu reduzieren und die Luft vorzuwärmen, kann man diese zuvor durch das Erdreich leiten. Diese unterirdischen Register aus Luft führenden Rohren nennt man **Erdwärmetauscher.** Genügend Wegstrecke und Oberflächen vorausgesetzt, kann damit die Lufttemperatur um bis zu 15 °C vorgewärmt werden. Dies steigert die Effizienz dieser Technologie enorm.

Man kann sich merken: Jedes Grad Anhebung der Lufttemperatur spart ca. 2,5 % an Strom, da dieses Grad eben nicht durch eine Maschine erzeugt werden muss. Wobei diese Ersparnis nicht linear ist.

Die sogenannte **Abluftwärmepumpe** nutzt hingegen die Energie, die in der Abluft unseres Hauses enthalten ist. Man spricht auch von Prozesswärme. Man kann sich vorstellen, dass sich die Effizienz erheblich steigern lässt, wenn die Lufttemperatur bereits bei 20–25 °C liegt. Die Effizienz ist dennoch stark begrenzt, denn wie wir gelernt haben, existiert aufgrund der physikalischen Gesetze kein Perpetuum mobile auf diesem Planeten. Die Energie wird aus der Wärme im Gebäude gewonnen und daher muss hier auf ein Gleichgewicht aus Wärmeerzeugung und Entnahme geachtet werden. Wir haben also hohe Grundtemperaturen, aber dafür sind wir in der Entnahmemenge begrenzt.

ERDREICHWÄRMETAUSCHER

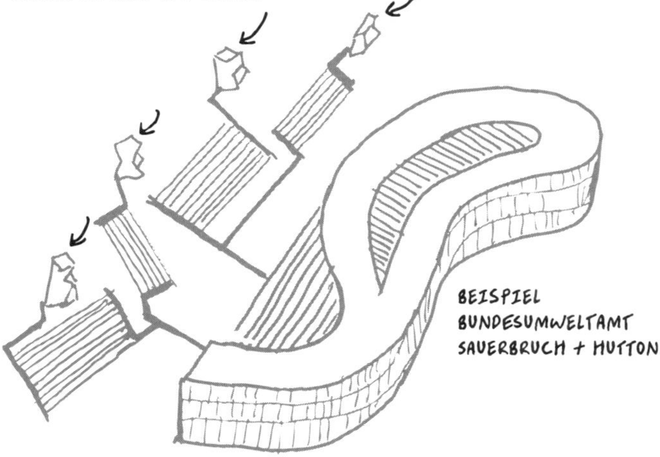

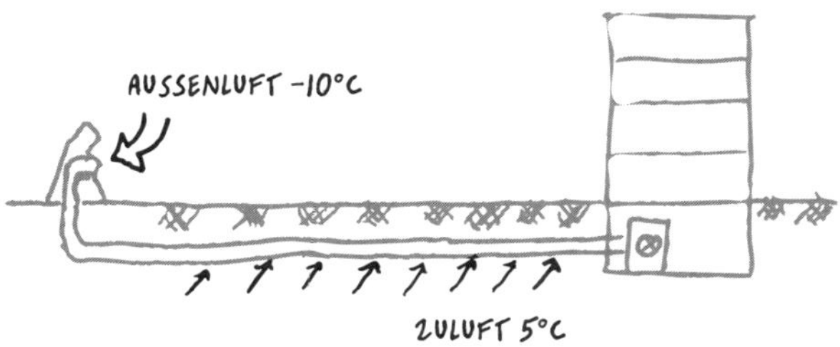

ABLUFTWÄRMEPUMPE

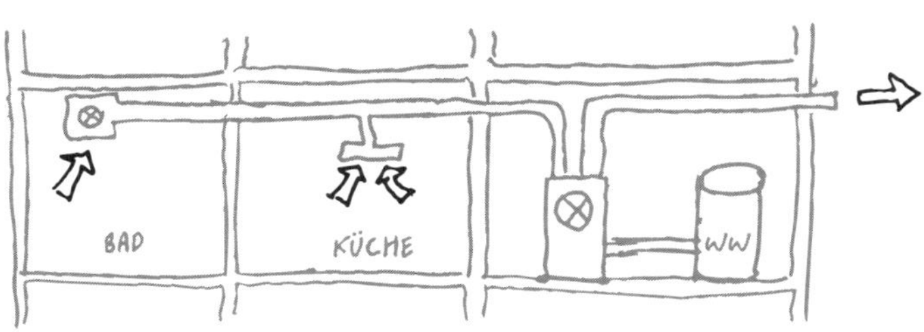

Wärmepumpen

Die Wärmepumpe benötigt ein eigenes Kapitel. Um sie zu verstehen, müssen wir uns an ein paar physikalische Grundsätze aus unserer Schulzeit erinnern. Wichtig ist der Energieerhaltungssatz: Energie geht niemals verloren und wird auch nicht erschaffen, sie wird immer nur umgewandelt.

Die Wärmepumpe stellt wohl aktuell die Zukunftstechnologie für die Erzeugung von Wärme dar. Das Zukunftsweisende an dieser Heizung ist zum einen, dass sie mit Strom angetrieben wird. Die einzige Energieform, die wir wiederum aus erneuerbaren Energien gewinnen können. Und zum anderen, dass sie neben einem **kleinen Anteil Strom** einen sehr viel **größeren Anteil Umweltwärme** verwendet. Je nach Wärmequelle wird hier im Verhältnis 3 : 1 bis 5 : 1 Umweltenergie zu Strom verwendet, um Wärme bereitzustellen.

Dies bewerkstelligt die Wärmepumpe über dasselbe Prinzip, wie unser Kühlschrank zu Hause Kälte erzeugt. Der Kühlschrank in unserer Küche gibt, während er für seinen Innenraum „Kälte erzeugt", auf seiner Rückseite Wärme an seine Umgebung ab. Denn genau genommen wird keine Kälte erzeugt, sondern es wird Wärme entzogen. Die Wärmepumpe tut nun dasselbe. Sie entzieht der Umwelt die Wärme und gibt dann aber diese Wärme an das Haus, also an die Heizungsleitungen, Warmwasserspeicher etc. ab.

Dabei wird Strom benötigt, um einen Elektromotor anzutreiben, der mittels eines Kolbens ein Kühlmittel komprimiert. Daher heißt dieses Gerät Kompressor. Kompressoren sind keine brandneue Erfindung. Wenn wir ein Medium verdichten, erwärmt es sich, weil es durch den Prozess Energie aufnimmt. Das Medium wird so zum Träger von Energie, die wir wieder zurückgwinnen, wenn wir es sich wieder ausdehnen lassen.

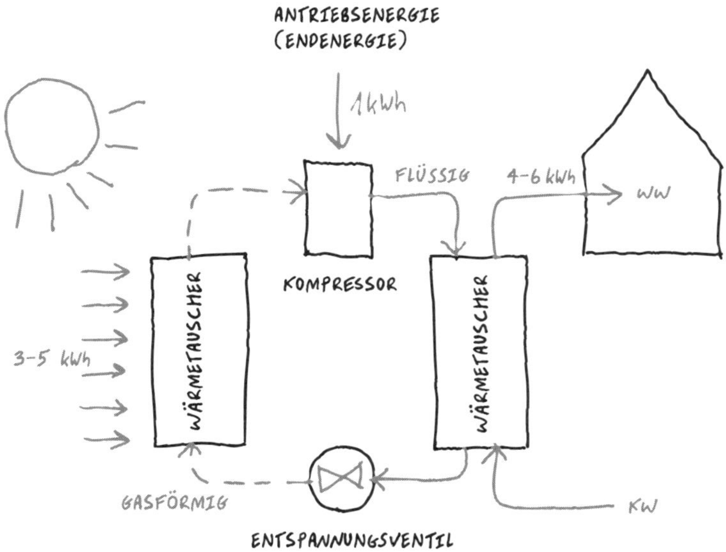
ANTRIEBSENERGIE
(ENDENERGIE)
1 kWh
KOMPRESSOR
FLÜSSIG
4-6 kWh
WW
3-5 kWh
WÄRMETAUSCHER
WÄRMETAUSCHER
GASFÖRMIG
ENTSPANNUNGSVENTIL
KW

Solare Wärmegewinnung

Die Sonne liefert in unseren Breitengraden rund **1000 kWh pro Quadratmeter Erdoberfläche** im Jahr an Energie. Dies entspricht dem Energiegehalt von 100 Litern Erdöl oder 100 m^3 Erdgas. Diese Energie ist nicht nur der Antrieb der Photosynthese, die uns nachwachsende Rohstoffe zum Bauen und Heizen liefert. Die Sonne liefert uns auch die Windkraft.

Zusätzlich können wir aus der Sonnenstrahlung aber auch noch direkt Wärme für unsere Häuser gewinnen. Dies gelingt uns mittels **Solarthermie.** Jeder, der schon mal einen Gartenschlauch an einem Sommertag im Rasen hat liegen lassen, durfte sich am Nachmittag über das warme Wasser darin freuen. Auch kennen hoffentlich die meisten den Effekt, wenn man einen schwarzen Beutel gefüllt mit Wasser am Tag in der Sonne aufhängt, um mit diesem Wasser am Abend warm zu duschen. Wir sammeln in all diesen Fällen mittels des Mediums Wasser Sonnenenergie.

Es gibt zwei Arten von Kollektoren zum Einsammeln der Sonnenenergie. Die einen sind flache Platten und haben daher den nahe liegenden Namen Plattenkollektoren. Die anderen werden als Vakuumröhren hergestellt, welche man in einer beliebigen Anzahl aufreiht, und heißen daher Röhrenkollektoren.

Plattenkollektoren werden als Ganzes bestmöglich zum Sonnenverlauf ausgerichtet. Sie sammeln mittels einer schwarzen Fläche (geringe Reflexion) Wärme aus Sonnenstrahlen ein und geben diese an eine Flüssigkeit ab, welche durch den Kollektor zirkuliert. Das Ganze findet in einem Gehäuse hinter Glas statt, weil damit der Verlust an Wärme an die Umgebung verringert wird.

Röhrenkollektoren sammeln die Energie über Absorber ein, in denen die Solarflüssigkeit zirkuliert. Jeder Absorber befindet sich in einer eigenen Glasröhre. Da diese Absorber in den Sonnenverlauf gedreht werden können, kann man die Röhren auch flach auf den Boden legen. In der Regel haben die Röhren wie Thermoskannen eine doppelte Wandung, in der ein Vakuum herrscht, was die Abgabe der eingesammelten Wärme an die Umgebung noch mal stärker reduziert.

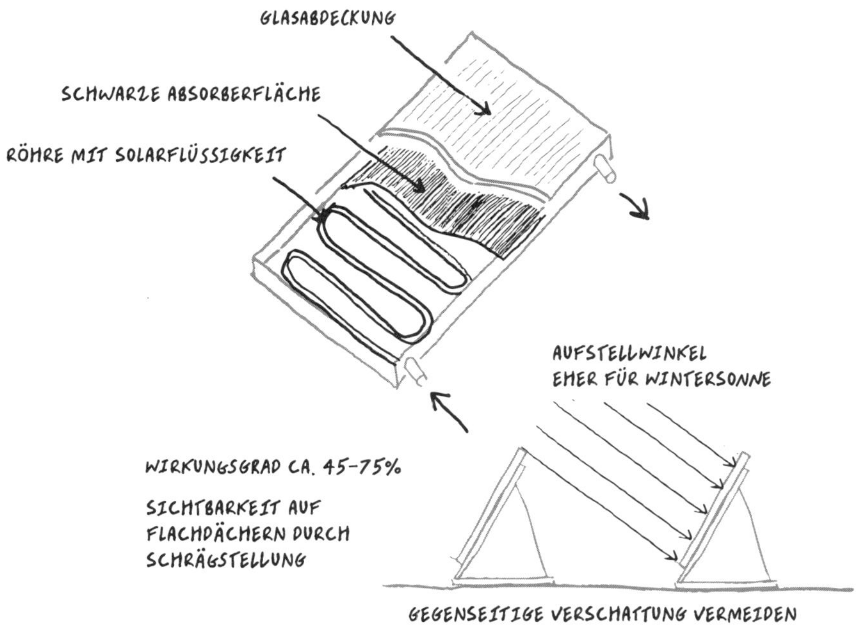
GLASABDECKUNG
SCHWARZE ABSORBERFLÄCHE
RÖHRE MIT SOLARFLÜSSIGKEIT
AUFSTELLWINKEL
EHER FÜR WINTERSONNE
WIRKUNGSGRAD CA. 45–75%
SICHTBARKEIT AUF
FLACHDÄCHERN DURCH
SCHRÄGSTELLUNG
GEGENSEITIGE VERSCHATTUNG VERMEIDEN

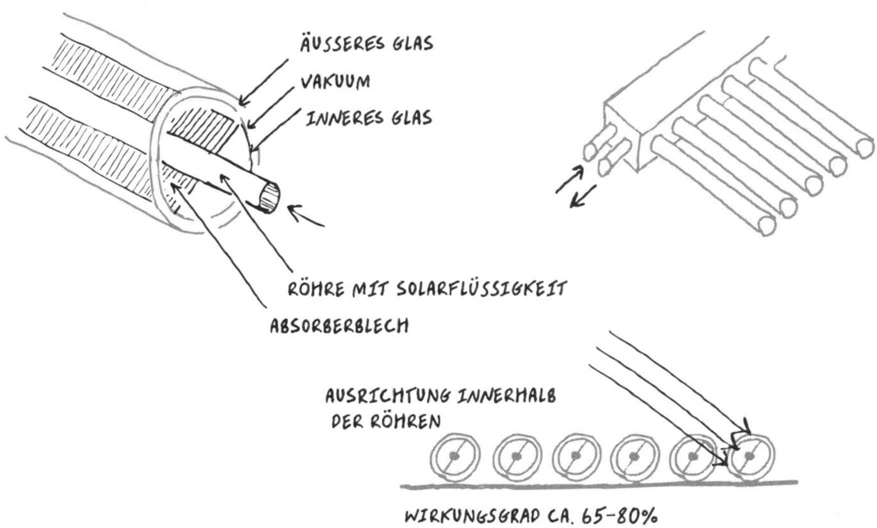
ÄUSSERES GLAS
VAKUUM
INNERES GLAS
RÖHRE MIT SOLARFLÜSSIGKEIT
ABSORBERBLECH
AUSRICHTUNG INNERHALB
DER RÖHREN
WIRKUNGSGRAD CA. 65–80%

Heizungsraum

Eigentlich interessiert den Architekten nicht, was sich in einem Heizungsraum abspielt. Aber er muss in seinem Entwurfsprozess den geeigneten Raum in Lage und Größe zur Verfügung stellen. Will er spätere Probleme vermeiden, muss er sich schon sehr früh im Projekt eine Vorstellung von der notwendigen Technik machen. Daher werfen wir nun einen kurzen Blick auf die Heizungstechnik.

Viele kennen bestimmt schon die kleinen Gasthermen oder die elektrischen Durchlauferhitzer, die so viel Leistung erbringen, dass sie im Durchlaufprinzip Wasser auf 60 °C erhitzen können. Dies geht allerdings nur mit Strom oder fossilen Brennstoffen. Arbeiten wir mit erneuerbaren Energien, erreichen wir derart hohe Leistungen nicht. Wollen wir mit erneuerbaren Energien dennoch ein Durchlaufprinzip verwirklichen, benötigen wir sogenannte **Wärmetauscher-Durchlauferhitzer,** auch Frischwasserstationen genannt, die aber dennoch ihre Wärme aus bevorratetem Warmwasser eines **Speichers** beziehen. Aus diesem Grund müssen wir Energie in Form von warmem Wasser bevorraten. Das macht unsere Heizungsanlage nicht nur komplizierter, sondern erhöht auch den Platzbedarf.

Wir können uns grundsätzlich merken: Arbeiten wir mit erneuerbaren Energien oder haben wir mehr als eine Wärmequelle, benötigen wir mindestens einen Warmwasserspeicher.

Um die Planer und Kunden noch zusätzlich zu verwirren, benutzt die Haustechnik hierfür den Begriff **Warmwasserbereiter.** Dies führt bei vielen Laien zu Verwechslungen mit den Wärmeerzeugern. Es gibt hier so viele unzählige Kombinationen und Systeme, dass man ihnen unschwer ein eigenes Buch widmen könnte. Doch für unsere Zwecke reicht es, dass sich die Architekten Folgendes merken: Der Warmwasserbereiter ist keine Wärmequelle, sondern wird von mindestens einem Wärmebereiter mit Wärme versorgt und sammelt bzw. speichert diese. Und noch ein interessanter Begriff für schlaue Gespräche mit dem Haustechniker: Speicher oder Wärmebereiter, die mehr als einen Wärmelieferanten haben, nennt man multivalent. Ein bivalenter Speicher hat zwei Wärmequellen, ein trivalenter drei usw.

MIT TRINKWASSERSPEICHER

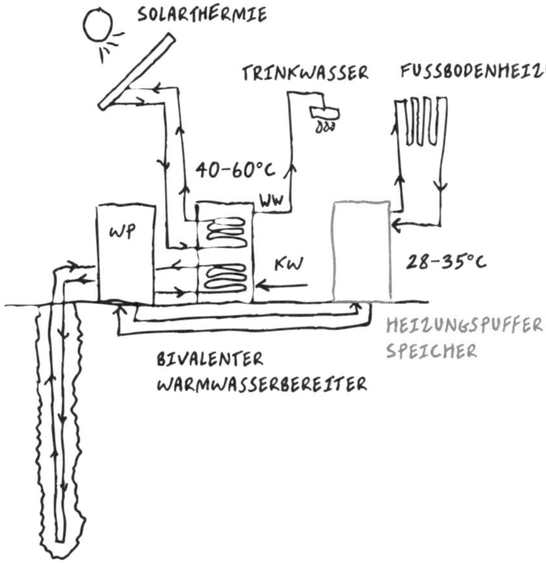

MIT WÄRMETAUSCHER-DURCHLAUFERHITZER

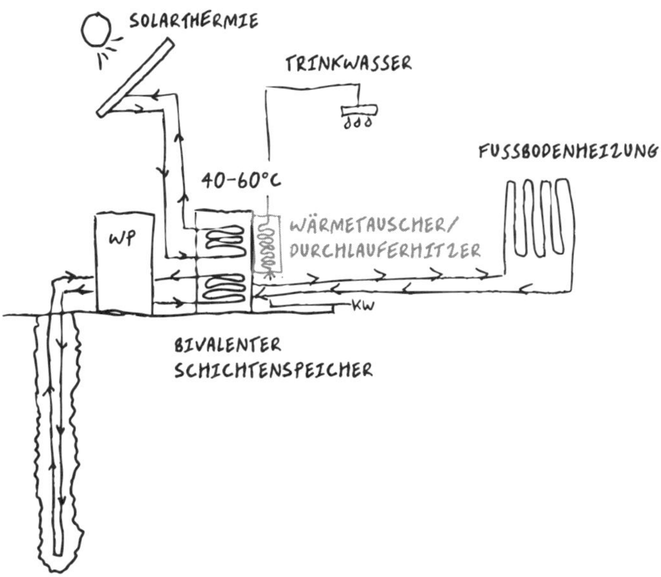

03

Wärme-übertragung

Die Auswahl

Die Wahl der Heizflächen ist in den meisten Projekten eine modische oder rein gestalterische Entscheidung. Die einen wollen eine Fußbodenheizung, weil man keine Heizkörper sehen will und das aktuell der letzte Stand der Dinge sein soll. Die anderen wollen Heizkörper, weil sie gehört haben, dass bei der Fußbodenheizung ständig der Staub vom Boden aufsteige. Die Gründe für die Wahl der Übergabeflächen der Wärme an den Raum sind zumindest im Wohnungsbau selten technisch motiviert. Dabei macht es Sinn, dass die Heizflächen in Abhängigkeit von Wärmeerzeuger, der Qualität der Gebäudehülle und Nutzungsprofil gewählt werden.

Denn die Anordnung von Heizflächen hat nicht nur etwas mit Gestaltung zu tun. Zum Beispiel ist hier die Berücksichtigung von Fenstern oft sinnfällig – da die Fenster bei aller technischen Innovation noch immer die schwächsten Bauteile der Fassade sind.

Etwas, was auch oft vernachlässigt wird, ist die **Wirkungsweise verschiedener Techniken.** Nutzen wir die gewählte Technik nicht entsprechend ihrer Wirkungsweise, so kann diese erheblich an Effizienz verlieren. Deshalb ist es nicht besonders schlau, eine Strahlungsheizung zu verdecken oder umgekehrt einer Konvektionsheizung den Luftstrom zu verbauen.

Einen Grundsatz sollte man sich merken, denn er hilft einem beim Streben nach Behaglichkeit im Innenraum immer weiter. Der Mensch tauscht mit seiner Umgebung ständig Wärme aus. Dies geschieht zu ca. 20 bis 30 % durch Konvektion, zu ca. 30 % durch Atmung und Kontaktübertragung und zu ca. 30 bis 50 % über Strahlung. Diese Anteile variieren je nach Tätigkeit. Es gilt also, einiges zu beachten.

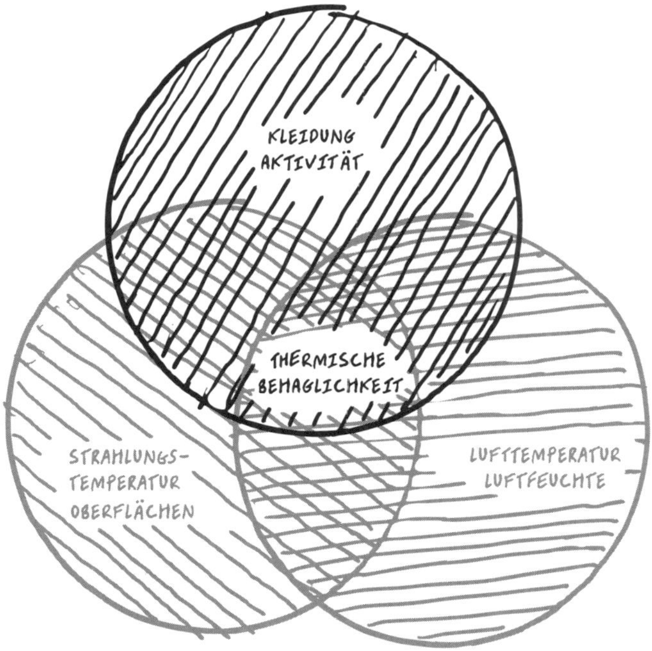
KLEIDUNG
AKTIVITÄT
THERMISCHE
BEHAGLICHKEIT
STRAHLUNGS-
TEMPERATUR
OBERFLÄCHEN
LUFTTEMPERATUR
LUFTFEUCHTE

Konvektion und Strahlung

Die Übertragung von Wärme durch Strahlung kann man sich wie bei einer Laserkanone vorstellen. An einem Ort wird der Strahl ausgesendet und trifft er auf einen Körper, wird dieser an der entsprechenden Stelle erwärmt. Die Luft auf dem Weg vom Sender zum Empfänger wird dabei nicht erwärmt. Die Energie, die wir als Wärme der Sonne wahrnehmen, ist reine Strahlungswärme, die beim Auftreffen an unsere Körperoberfläche weitergegeben wird. Arbeite ich mit Strahlungswärme, dann erwärme ich nur die umgebenden Bauteile und die Körper der Nutzer direkt, nicht aber die Raumluft. Die Raumluft erwärmt sich jedoch indirekt über die Bauteile.

Die **Konvektion** ist der Transport der Wärme durch Luftbewegung. Warme Luft steigt nach oben. Kann sie nicht weiter nach oben, weil dort zum Beispiel die Raumdecke ist, wird sie sich im Raum verteilen. Wir wollen an dieser Stelle nicht die Regeln der Thermodynamik beleuchten. Es reicht uns zu verstehen, dass wir mit diesem Prinzip die Wärme über die Luft im Raum verteilen.

Behaglichkeit für den Menschen erreichen wir, wenn der Raum und unsere Heizquellen dem Nutzer die Wärme in dem Verhältnis zur Verfügung stellen, wie unsere Körper Wärme mit unserer natürlichen Umgebung austauschen. Demnach sollte also ein Heizkonzept Wärme über ca. 70 % als Strahlung und 30 % in Form von Konvektion zur Verfügung stellen.

Dabei leben die Menschen schon sehr lange in Räumen, in denen dies aus technischen Gründen oft nicht ganz der Fall ist. Nur weil irgendetwas schon früher so war, sollte man es nicht hinnehmen, sondern immer zu verbessern suchen. Hinzu kommt, dass wir heute oft anders bauen. Mehr und größere oder bodentiefe Fenster führen heute zu ganz anderen Eigenschaften der Gebäudehülle. Da kann es schon mal passieren, dass der Nutzer in einem 22 °C warmen Raum friert, weil er ständig seine Körperwärme an die kalten Glasflächen der Gebäudehülle abstrahlt. Solchen Missständen müssen wir mit dem richtigen Heizungskonzept entgegenwirken.

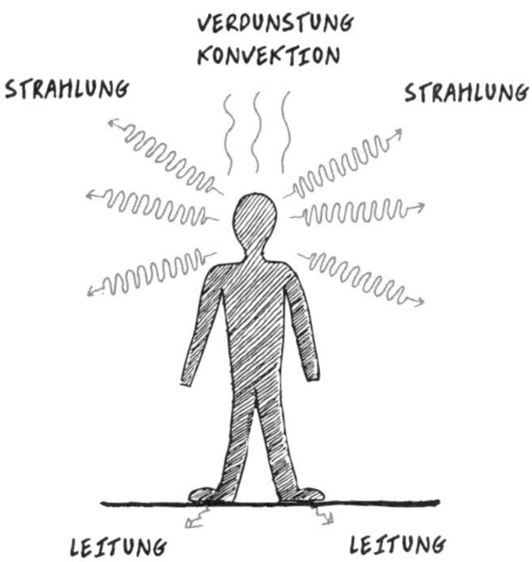
VERDUNSTUNG
KONVEKTION
STRAHLUNG
STRAHLUNG
LEITUNG
LEITUNG

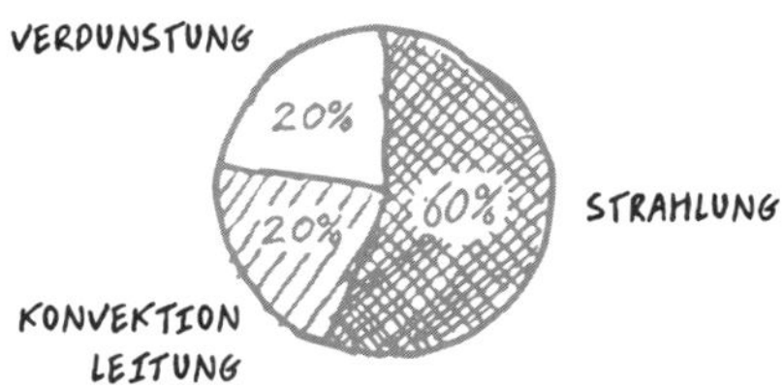
VERDUNSTUNG
20%
20%
60%
STRAHLUNG
KONVEKTION
LEITUNG

Vor- und Rücklauftemperatur

Grundsätzlich werden bei uns 90 % aller Heizungen mit Wasser betrieben. Dabei erwärmt das Wasser die Heizflächen oder -körper, welche die Wärme wiederum über ihre Oberfläche an die Umgebung abgeben. Die Temperatur des Wassers beim Verlassen des Wärmebereiters in das Heizungsnetz nennen wir Vorlauftemperatur. Da sich das Wasser auf dem Weg durch die Rohre und Heizflächen abkühlt, kommt es mit einer zweiten, geringeren Temperatur zum Wärmebereiter zurück. Diese Temperatur nennen wir Rücklauftemperatur. Je höher die Temperaturen in diesem Kreislauf sind, desto mehr Wärme kann an die Umgebung abgegeben werden. Damit steigert die Temperatur des Wassers die Leistung der Heizflächen. Nun ist es aber so, dass manche Systeme nur geringere Temperaturen zulassen als andere. Dafür haben diese dann aber größere Oberflächen.

Der direkte Zusammenhang zur Bereitstellung von Wärme ist das Verhältnis aus Oberfläche der Heizung und Wassertemperatur in der Heizung. Dies beschäftigt uns auch öfter bei Sanierungen, da hier häufig neue Heizungen mit geringeren Vorlauftemperaturen eingebaut werden, aber kaum Platz für größere Heizkörper vorhanden ist.

Die Temperaturen werden in der Regel als eine Gruppe von drei Zahlen angegeben. Diese drei Zahlen, zum Beispiel 35 / 28 / 22, geben folgende Werte an: **Vorlauftemperatur / Rücklauftemperatur / Raumtemperatur in °C.**

Im Laufe der Zeit wurden, um Verluste bei Wärmebereitung und -transport zu verringern, die Vorlauftemperaturen immer geringer. Durch den Einsatz von Flächenheizungen wie der Fußbodenheizung wurden die Temperaturen erheblich gesenkt. Bei alten Heizkesseln finden wir noch Vorlauftemperaturen von 65 °C, hingegen fahren sogenannte Niedertemperaturkessel nur mit 55 °C. Die Brennwerttechnik liegt heute bei ca. 45 °C und die Flächenheizungen werden sogar nur mit maximal 35 °C versorgt.

FUSSBODENHEIZUNG 35/28/22

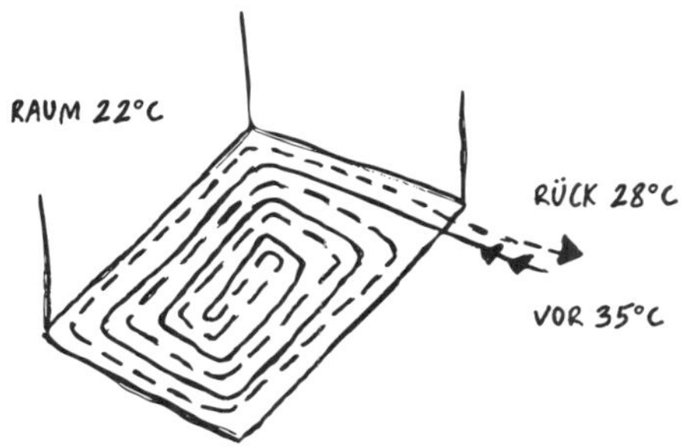

HEIZKÖRPER (STATISCHE HEIZFLÄCHE) 55/45/22

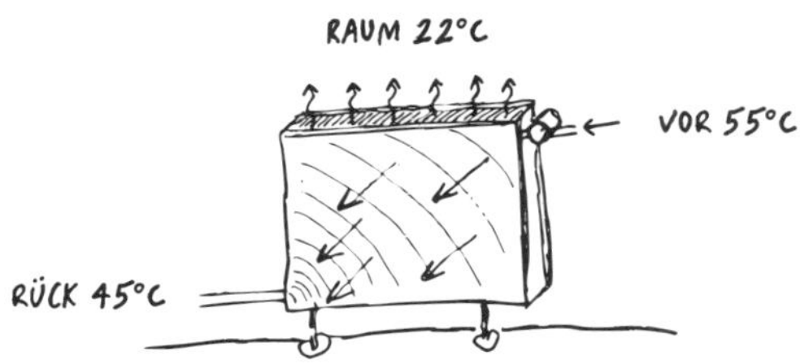

WÄRMEERZEUGER

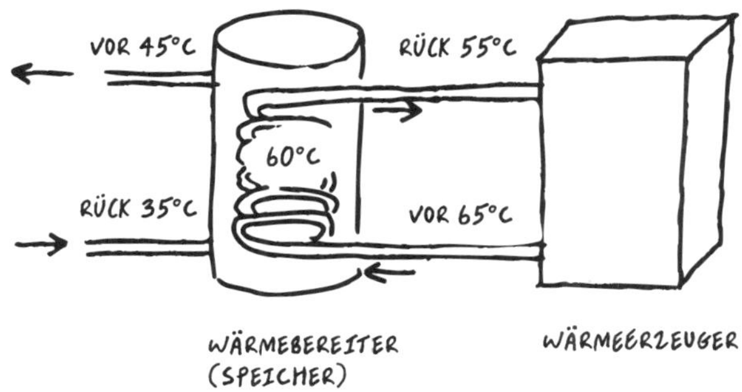

Rohrleitungen

Da das wohl meistverbreitete Konzept aus einer zentralen Wärmebereitung und einem Rohrnetz zur Verteilung der Wärme an die Heizflächen besteht, muss dem Rohrnetz kurz Aufmerksamkeit geschenkt werden. Da alle erwärmten Flüssigkeiten und Körper ihre Wärme an eine kältere Umgebung abgeben wollen, tun das auch die Rohrleitungen. Da wir aber anstreben, nur dort Wärme abzugeben, wo wir es planen und es effizient ist, ist dieses Phänomen nicht gewollt. Besonders wenn dies außerhalb unserer thermischen Hülle passiert – zum Beispiel im unbeheizten Keller. Aus diesem Grund werden dort Rohre wärmegedämmt. Der Laie redet hier oft von einer Isolierung. Diesen Fehler darf sich aber ein Architekt nicht erlauben. Stromleitungen werden isoliert, gegen eindringendes Wasser wird gedichtet und Wärme wird gedämmt.

Die **Wärmedämmung** von Rohren wird nach einer einfachen Regel ausgeführt. Die Dämmung, die ein Rohr umgibt, ist immer genauso stark wie der Nenndurchmesser des Rohres.

Warum ist das für Architekten interessant? Ganz einfach: Wenn es etwas gibt, was wohl jeden Architekten bei der Entwicklung von Grundrissen nervt, dann sind das **Versorgungsschächte** und Leitungsführungen und -verzüge. Um diese aber in ihrer Größe abschätzen zu können, muss der Planer wissen, welche Enddurchmesser die Leitungen am Ende haben werden. Es macht einen großen Unterschied, ob ein Rohr nur 28 mm Durchmesser oder gedämmt 84 mm hat. Sieht man sich das Ganze als Platzbedarf der gesamten Belegung eines Versorgungsschachts an, kommt da einiges zusammen.

Und eines sollten wir als Planer auch nie vergessen: Man kann zwar alles zeichnen, aber vor Ort muss man es dann auch bauen können. Daher ist immer daran zu denken, dass wir jedes Bauteil auch ein- und ausbauen müssen. Daraus folgen **Montageabstände** zwischen Rohren und von Rohren zu anderen Bauteilen, die wir so mit 5 cm planen sollten.

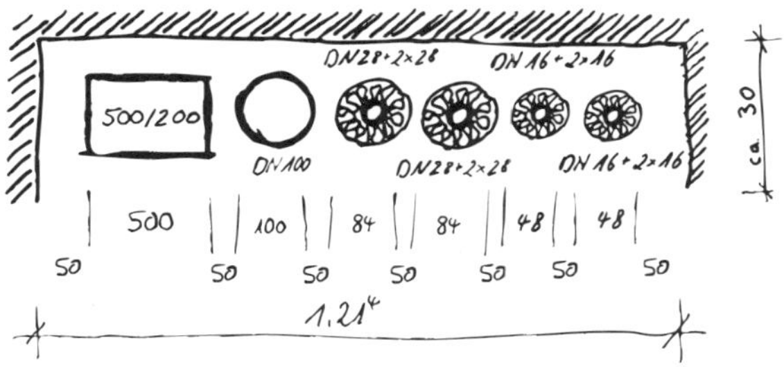

ARBEITSRÄUME 7 X 50mm =	35,0 cm
LÜFTUNG	50,0 cm
ABWASSER	10,0 cm
WARMWASSER	8,4 cm
KALTWASSER	8,4 cm
HEIZUNG VORLAUF	4,8 cm
HEIZUNG RÜCKLAUF	4,8 cm
	121,4 cm = **1,21 m**

LEITUNGEN FÜR WARME ODER KALTE MEDIEN
DICKE WÄRMEDÄMMUNG = ØROHR

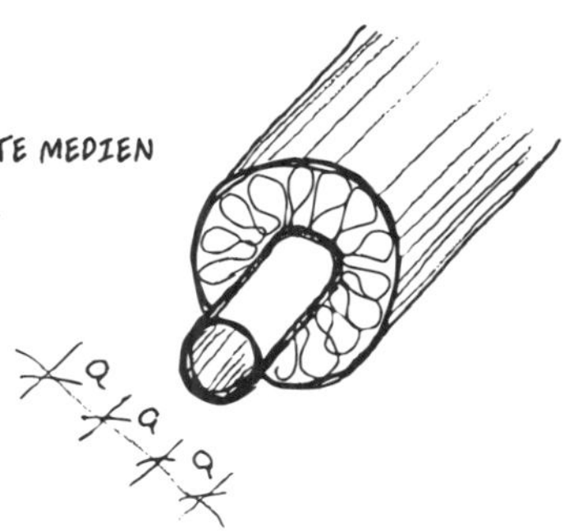

Röhren- oder Gliederheizkörper

Der Röhrenheizkörper, auch Röhrenradiator genannt, ist die moderne Weiterführung des Gliederheizkörpers, den wir aus dem Altbau kennen. Dabei handelt es sich um eine sogenannte statische Heizfläche. Warum dieser Begriff für Heizkörper verwendet wird, lässt sich schwerlich sagen. Gern werden heute aus ästhetischen Gründen Röhrenheizkörper gewählt, weil der Plattenheizkörper oft im sozialen Wohnungsbau verortet wird. Neben dem erhöhten Aufwand, ihn sauber zu halten, besitzt er einige Eigenschaften, deren man sich immer bewusst sein muss.

Die wohl wichtigste Eigenschaft des Röhrenradiators ist seine Wirkungsweise. Röhrenradiatoren geben die Wärme etwa im Verhältnis 3 : 1 in Form von **Konvektion zu Strahlung** ab. Also das Gegenteil des Verhältnisses, welches der menschliche Körper bevorzugt.

Durch Reihung vieler Rohre entsteht eine große Oberfläche, die die Luft erwärmt. Diese steigt auf, kühlere Luft strömt nach. Dadurch wird ständig Wärme an die vorbeiströmende Luft abgegeben. Dieser hohe Konvektionsanteil hat nicht nur den Nachteil, dass er nicht ganz zum Wärmeaustauschverhalten des Menschen passt. Da die abgegebene Wärme nach oben strömt, verteilt sie sich zuerst unter der Decke, um dann auf der gegenüberliegenden Seite des Raums wieder herabzusinken. Abgekühlt strömt sie am Boden zum Heizkörper zurück. Die kälteste Zone ist hier immer über dem Boden und die größte Wärme besteht unter der Decke. Das ist etwas unpraktisch. Aber es gibt auch einen Vorteil der hohen Konvektion: Ordnet man den Heizkörper unter einem Fenster an, kann er einen großen Beitrag zur Unterstützung der Fensterflächen vor Auskühlung leisten sowie einen Kaltluftabfall vermeiden.

Die **Leistung** eines Röhrenradiators wird in der Regel Glied für Glied festgelegt. Dabei ist die Leistung eines einzelnen Gliedes vom jeweiligen Hersteller in Erfahrung zu bringen. Die Gesamtleistung des Heizkörpers hängt im Wesentlichen von der Anzahl der Glieder und der Höhe des Heizkörpers ab. Kennt man die Leistung je Glied, kann man diese einfach addieren.

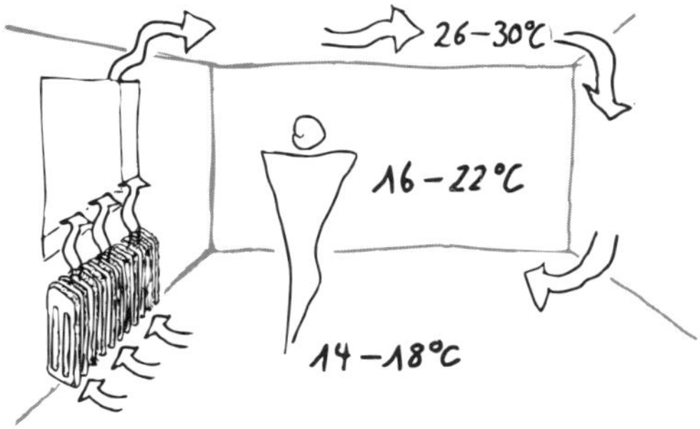
26–30°C
16–22°C
14–18°C

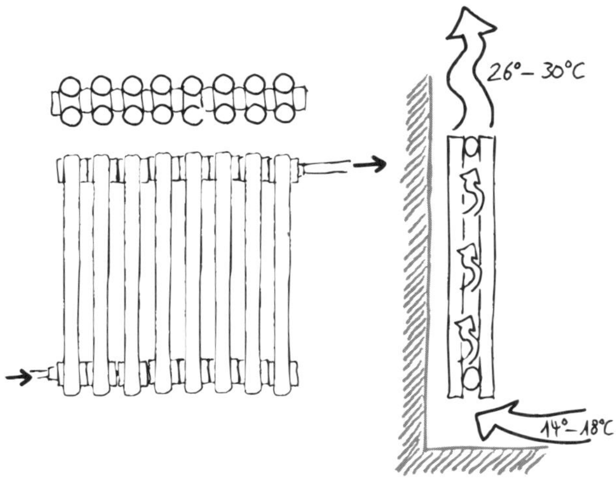
26°–30°C
14°–18°C

Plattenheizkörper

Der Plattenheizkörper ist die andere Variante der sogenannten statischen Heizflächen. Da der arme Plattenheizkörper bei den Laien als die minderwertige, billige Variante verschrien ist und man sie dem sozialen Wohnungsbau zuordnet, haben einige Hersteller sich sehr viel Mühe gegeben, Designvarianten zu entwickeln. Dabei wird meist auf schlichte Eleganz abgezielt. Dieses Facelifting hat züm Glück keine Auswirkung auf seine technische Überlegenheit.

Er beinhaltet weniger Wasser, was erlaubt, sehr viel schneller die Temperatur zu ändern. Er ist einfacher zu putzen. Und vor allem anderen gibt er seine Wärme, im Fall der einlagigen Heizkörper, im Verhältnis 3:1 in Form von **Strahlung zu Konvektion** ab. Er zeigt also das gesuchte, der Physiologie des Menschen ähnlichere Verhältnis im Wärmeaustausch. Seine günstige Effizienz bietet eigentlich genau das, was der Nutzer braucht.

Um die **Leistung** der Heizflächen zu vergrößern, werden diese oft in mehreren Lagen hintereinander gebaut. Zwischen den Lagen werden dann Wärmeleitbleche eingefügt. Diese erlauben es, den Konvektionsanteil der Plattenheizkörper zu steigern. Die Lamellen im Zwischenraum dienen dann als umgekehrte Kühlrippen und erwärmen vorbeistreichende Luft. Diese steigt auf und transportiert sodann Wärme durch Konvektion nach oben. So lässt sich zum Beispiel der Wärmeschleier vor dem Fenster realisieren. Die Wärmeverteilung im Raum ist ebenfalls sehr viel effizienter und behaglicher. Jedoch führt dies im Umkehrschluss dazu, dass sich das Verhältnis aus Strahlung und Konvektion verändert. Hier sollte also aufgepasst werden, dass man mit der Konvektion nicht übertreibt.

Plattenheizkörper werden wie Röhrenradiatoren in verschiedenen Bauhöhen und Tiefen, also Anzahlen von Plattenlagen, geliefert. Ihre Leistung wird dann abhängig von ihrer Fläche ermittelt, demnach mittels der Länge mal der Bauhöhe. In den Herstellerunterlagen findet man hierfür in der Regel Tabellen, die Heizkörper in Typen nach Bautiefe sortieren und angeben, bei welcher Bauhöhe und welchen Temperaturen der vorliegende Heizkörper eine Leistung nach laufendem Meter Länge erbringt.

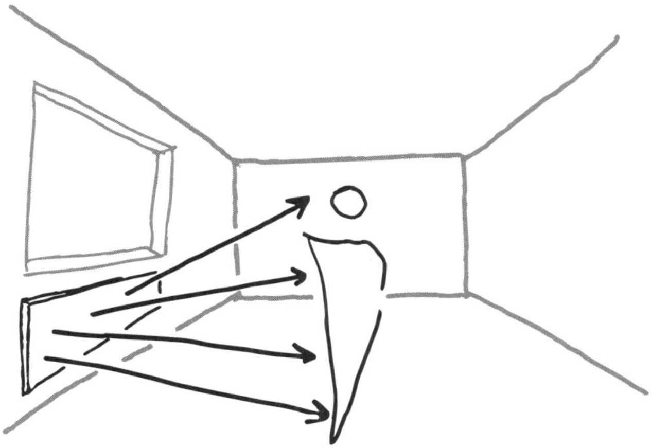

OBERFLÄCHENSTRAHLUNG
KONVEKTION
ZWISCHENRAUM
OBERFLÄCHENSTRAHLUNG

MEHR LAGEN = MEHR KONVEKTION
GRÖSSERE FLÄCHE = MEHR STRAHLUNG

Bodenkonvektor

Der Konvektor ist, wie der Name es schon vermuten lässt, ein Wärmeüberträger, der vollständig auf **Konvektion** setzt. Wir finden diese Technik zumeist im Gewerbe- und Bürobau. Dies liegt unter anderem daran, dass dieser als Bodenkonvektor gerne im Fußbodenaufbau versenkt wird. Die dafür nötige Höhe finden wir aber oft nur bei Doppelboden- oder Hohlraumbodenaufbauten, die aus Kostengründen niemand im Wohnungsbau herstellt.

Die Einbausituation und die reine Konvektionswärme sind die Nachteile dieser Heizung. Doch sie hat auch ein paar Vorteile. Da die Konvektoren die Wärme über große Oberflächen in Form von Leitblechen oder Lamellen abgeben, beherbergen sie ein sehr kleines Wasservolumen und sind dadurch sehr reaktionsschnell. Sie können also rapide auf sich ändernde Wärmebedarfe reagieren. Aufgrund ihrer geringen Höhe und des Einbaus im Bodenaufbau sind sie prädestiniert für die Verwendung vor großen bodentiefen Glasflächen wie Schaufenstern. Auch findet man sie manchmal in miniaturisierter Form als Fassadenbegleitheizungen großer Glaskonstruktionen. Dabei ist es möglich, diese sehr klein und unscheinbar auszuführen, indem man sie auf ein dünnes Rohr, umwickelt mit einem Leitblech, reduziert. Diese sind dann zwar zu klein, um als Raumheizung zu wirken, aber zur Vermeidung von Tauwasserbildung reicht es dennoch, um hier nur ein Beispiel zu nennen.

Da Konvektoren, teilweise sogar unterstützt durch kleine Gebläse, nicht nur sprichwörtlich viel Staub aufwirbeln, sind sie für Allergiker nicht sonderlich gut geeignet. Auch kann man sich gut vorstellen, wie sich in diesen Gräben Dreck sammelt, was zu hygienischen Problemen bei unzureichender Wartung und Reinigung führen kann. Dies und der verringerte Wohnkomfort aufgrund fehlender Strahlungswärme sind zu bedenken, wenn man diese Technik einsetzen will.

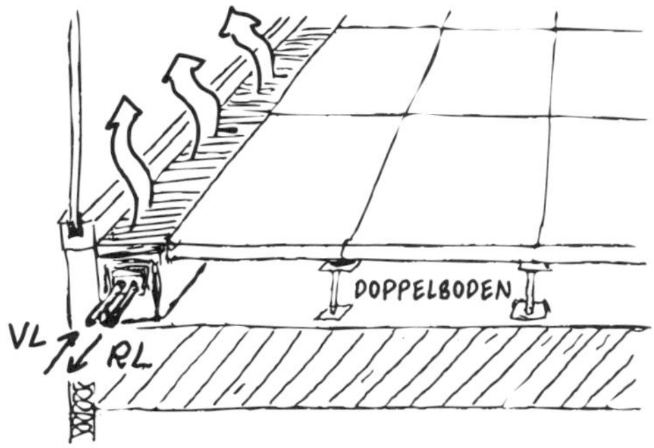
DOPPELBODEN
VL
RL

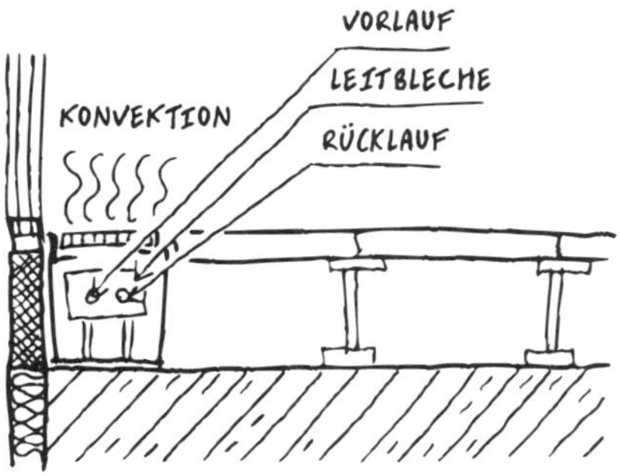
VORLAUF
LEITBLECHE
RÜCKLAUF
KONVEKTION

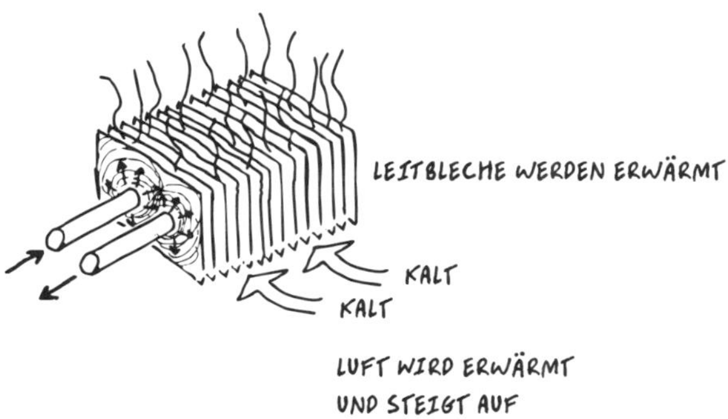
LEITBLECHE WERDEN ERWÄRMT
KALT
KALT
LUFT WIRD ERWÄRMT
UND STEIGT AUF

Flächenheizung

Unter den Flächenheizungen möchte ich alle Techniken zusammenfassen, die auf die uns umgebenden **Bauteiloberflächen** als Heizkörper setzen. Dabei ist das Prinzip dasselbe, ob ich nun eine Fußbodenheizung, eine Wandheizung oder eine Deckenheizung installiere. Die am weitesten verbreitete Form ist wohl die Fußbodenheizung. Hier werden Schläuche in den Estrich eingebaut, durch die das warme Heizungswasser fließt, das wiederum den Estrich erwärmt. Das Prinzip lässt sich auch auf anderen Oberflächen anwenden. Man benötigt nur genügend Materialstärke, um die Schläuche zu integrieren. Bei Wandheizungen sollte man jedoch immer daran denken, dass man hier nur noch schwer eine Möglichkeit findet, ein Bild aufzuhängen.

Aufgrund der technischen Rahmenbedingungen können wir diese Flächenheizungen nicht mit höheren **Vorlauftemperaturen** als 35 °C beheizen. Dies gepaart mit der großen Masse, die erwärmt werden muss, bevor die Wärme an die Umgebung abgegeben wird, macht diese Heizungen träge. Schnelle Temperaturschwankungen sind hier ein Problem. Auch ist die Leistung durch die geringen Temperaturen begrenzt. Dafür steht aber sehr viel Oberfläche zur Verfügung. Die niedrigen Temperaturen machen die Heizflächen zu perfekten Partnern für Wärmepumpen.

Im Gegensatz zu einem weitverbreiteten Irrtum wirbelt eine Fußbodenheizung keinen Staub auf. Da Flächenheizungen zu einem sehr großen Anteil (Boden 60 %, Wand 70 %, Decke 90 %) ihre Wärme in Form von **Strahlung** abgeben, entsteht nicht der befürchtete Effekt von aufsteigender Luft, die Staubpartikel transportiert. Die Fußbodenheizung ist so für Allergiker viel besser geeignet als der Röhrenheizkörper oder der Konvektor.

Beim Bauen im Bestand sollte eine Umstellung auf Fußbodenheizung gut geprüft sein. Es kommt nicht selten vor, dass aufgrund der hohen Räume, also des großen Lüftungsvolumens, im Verhältnis zur Bodenfläche sowie der ungedämmten Fassaden eine Fußbodenheizung nicht die notwendige Raumheizlast erreichen kann.

FUSSBODENHEIZUNG

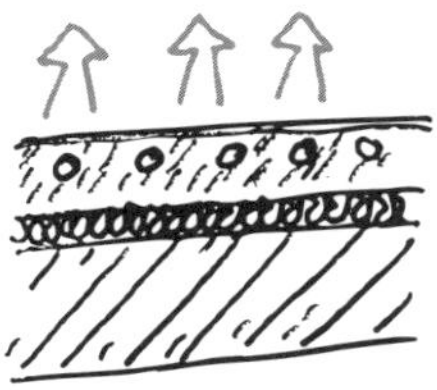

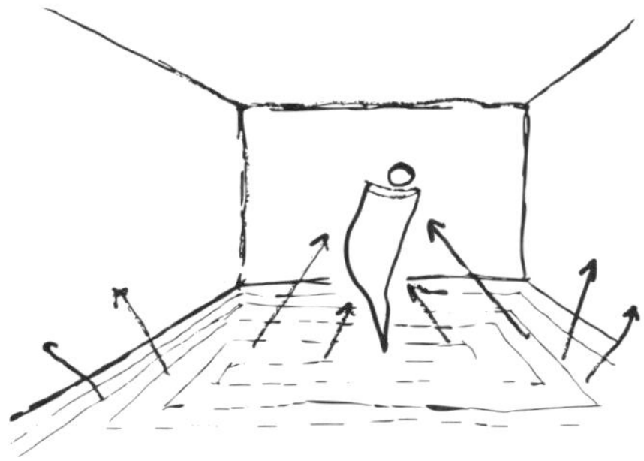

WANDHEIZUNG

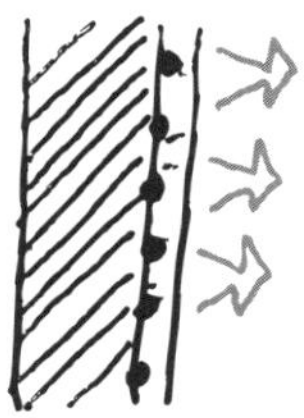

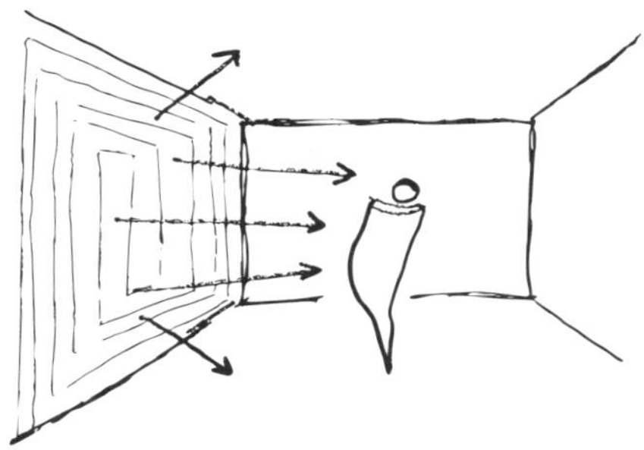

DECKENHEIZUNG

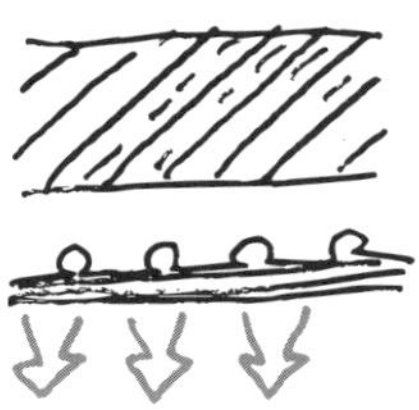

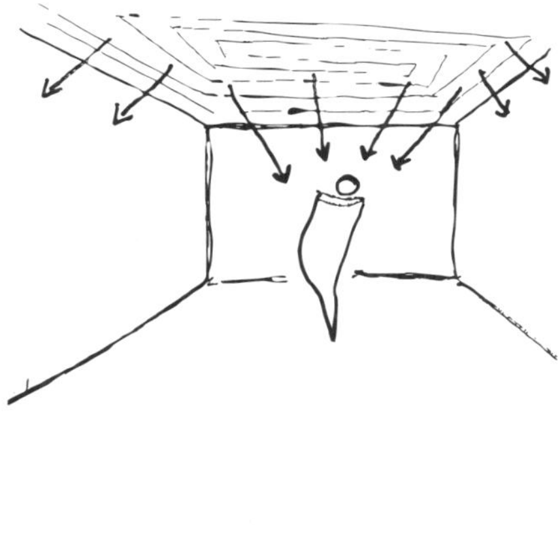

Bauteilaktivierung

Wenn nicht nur Bauteiloberflächen als Heizflächen verwendet werden, sondern wir gleich ganze tragende Bauteile aufheizen, dann nennt man das Bauteilaktivierung. Sehr beliebt ist diese Technik in Verbindung mit Geschossdecken aus Stahlbeton. Diese fungieren dann als Decken-Flächenheizungen.

Es gibt aber auch Lösungen, die den Fußboden miteinbeziehen, wenn auf eine Trittschalldämmung verzichtet werden konnte. Da haben wir auch schon einen wichtigen Punkt: Bei der Bauteilaktivierung sollten die genutzten tragenden Bauteile nicht verkleidet werden. Eine abgehängte Decke oder eine Trittschalldämmung machen die Wirkung dieser Heizung zunichte. Da es sich um eine Flächenheizung mit hoher Masse handelt, ist sie auch eine **Strahlungsheizung.** Und da haben wir dann schon die Rahmenbedingungen. Diese Heizung ist sehr träge und kann kaum auf Schwankungen reagieren. Daher ist sie zum Beispiel gut für Gebäude mit sehr konstantem Raumklima geeignet wie etwa Bibliotheken oder Museen, kann aber auch als Grundheizung dienen, die man dann zusätzlich um eine schnellere Heizung ergänzt.

Für den Planer ist noch wichtig, dass diese Wärmeübertragung einen hohen planerischen Aufwand erfordert, da die Haustechnik zum größten Teil in den Rohbau integriert werden muss. Auch sind die entsprechenden Firmen sehr viel früher in die Bauplanung zu integrieren. Und man sollte auf den **Installationsgrad** dieser Gebäude achten, da abgehängte Decken beispielsweise ein stehendes Luftpolster zwischen Heizfläche und Raum erzeugen könnten, das sehr kontraproduktiv wäre.

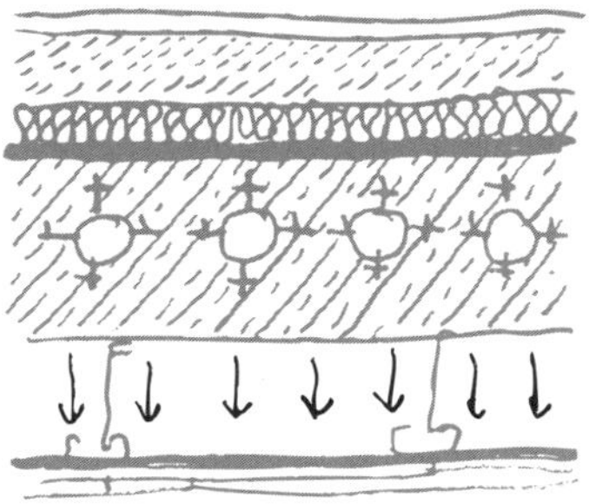

TRITTSCHALLDÄMMUNG
UNTERBRICHT WÄRMESTROM

ANGEHÄNGTE DECKE
STÖRT WÄRMEABSTRAHLUNG

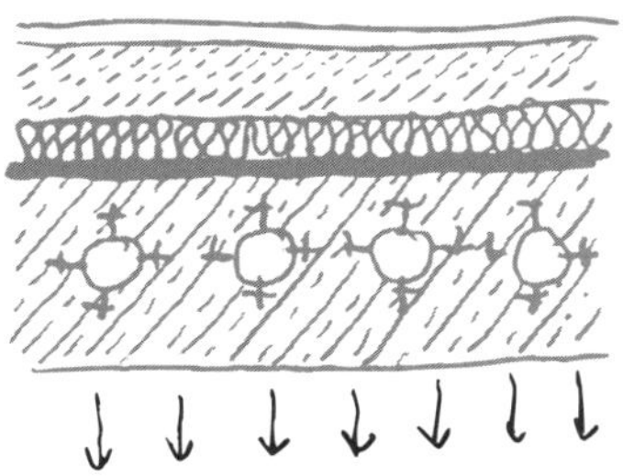

TRITTSCHALLDÄMMUNG
BEGRENZT WÄRMESTROM

WÄRMEABGABE IN RAUM

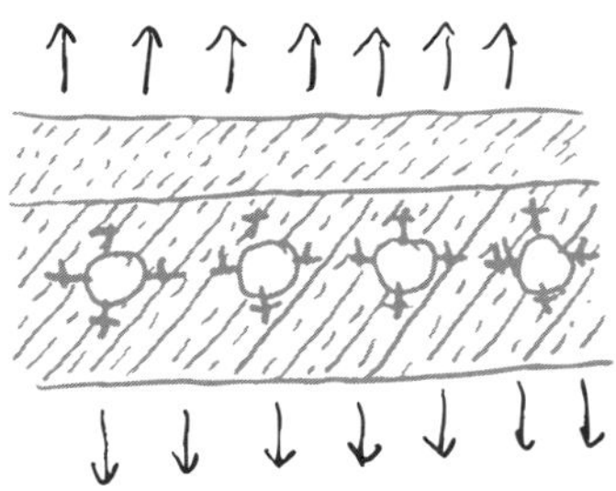

WÄRMEABGABE IN RAUM

WÄRMEABGABE IN RAUM

Infrarotheizung

Mit dem Begriff Infrarotheizung werden auf dem Markt mit Strom betriebene Heizungen in Form von Platten oder Einputzmatten bezeichnet. Sie haben weder den Bedarf, an ein Rohrleitungsnetz noch an einen Wärmebereiter angeschlossen zu werden. Daher ist diese Heizung in der Anschaffung sehr günstig. Man kauft ein paar dieser Platten oder ein paar laufende Meter Einputzmatten und am Ende schließt man nur **Strom** an.

Es leuchtet auch ein, dass es hier **keine Energieverluste** in einem Leitungsnetz geben kann. Es existieren einfach keine wärmeführenden Leitungen. Auch die Effizienz von 100 % bei der Umwandlung von Strom in Wärme spricht für diese Heizungstechnik. Dennoch ist sie nicht sonderlich verbreitet. Dies hat zwei Gründe: Zum einen stellen wir Strom noch lange nicht so erneuerbar her, dass wir von einer nachhaltigen Heizung reden könnten. Aktuell stammen nur ca. 30–50 %, je nach Datenquelle, unseres Stroms aus erneuerbaren Energien. Die Tendenz ist jedoch steigend. Und die Herstellung von Strom aus fossilen Brennstoffen ist sehr viel ineffizienter als bei der Herstellung von Wärme. Darum ist am Ende der Primärenergieaufwand von Strom oft entsprechend hoch. Wenn wir also irgendwann den Strom vollständig aus erneuerbaren Energien herstellen, wird die Stromheizung zu einer grünen Alternative.

Das Prinzip, nach dem aus Strom Wärme erzeugt wird, ist simpel. Strom wird durch einen Leiter mit hohem Widerstand geschickt. Ein Widerstand reduziert den Durchfluss. Im Sinne des Energieerhaltungssatzes muss der Rest an Energie irgendwo bleiben. Da er nicht gespeichert wird, wird er als Wärme an die Umgebung abgegeben. So funktionieren Tauchsieder, ein Elektroheizkörper oder eine Infrarotheizung. Die Wärme wird fast vollständig als Strahlungswärme abgegeben. Es gibt einen Konvektionsanteil ähnlich der Flächenheizungen, aber wie der Name schon sagt, wird hier primär über Strahlung geheizt.

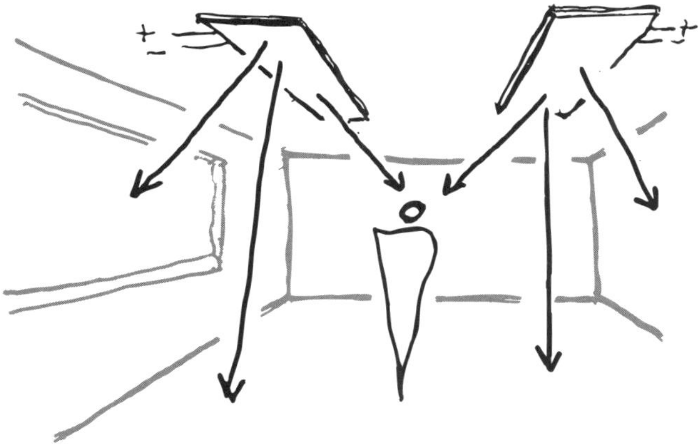
+
–
+
–

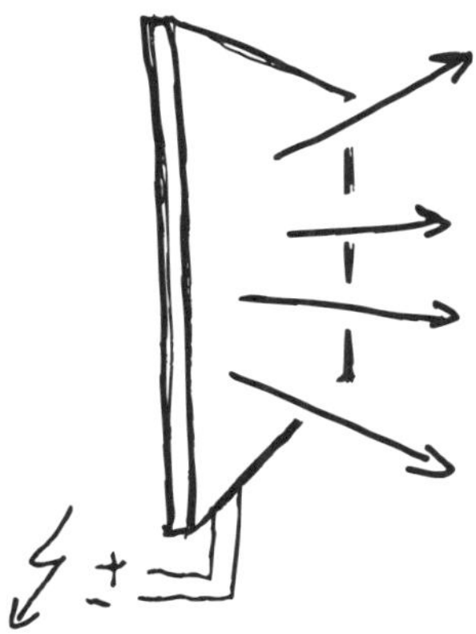
STROM 1:1 WÄRME
100% STRAHLUNG
+
–

04

Wohnraum-lüftung

Lüftung im Wohnungsbau

Durch technologischen Fortschritt in der Bautechnik, aber auch durch immer strengere Regelwerke sind in den letzten Jahrzehnten die Gebäudehüllen immer dichter geworden – nicht zuletzt um Energieverluste von Gebäuden zu reduzieren. Konnte man früher davon ausgehen, dass ein Gebäude quasi selbstständig atmet, also ohne Zutun der Bewohner genügend Luft zwischen Innen und Außen austauscht, müssen wir heute diesen Luftaustausch durch bauliche oder technische Maßnahmen planen und regeln.

Die Auswirkungen von fehlendem Luftaustausch zwischen Außen und Innen haben viele Bauherren und Planer bereits in den 90er-Jahren erfahren müssen. Damals wurden in großer Zahl die Fenster von Bestandsgebäuden ausgetauscht. Die neuen Fenster und ihre Anschlüsse waren dann luftdicht. Durch diese Maßnahme verschwanden die bedeutendsten Undichtigkeiten der Gebäudehülle. Die **Luftfeuchtigkeit** im Innern, insbesondere im Winter, konnte nicht mehr durch die undichten Stellen das Gebäude verlassen. Der Wasserdampf suchte sich neue Wege durch das Mauerwerk und kondensierte bevorzugt entlang der kühleren Fensterlaibungen, was massenhaft zu Schimmelbildung führte.

Viele halten es heute für paradox, dass wir die Gebäudehülle immer dichter machen, um dann wieder Undichtigkeiten einzubauen. Doch nun können wir den Luftaustausch viel gezielter planen und kontrollieren und im Idealfall sogar noch Wärme aus der Abluft zurückgewinnen. Die gewünschte höhere Dichtigkeit der Gebäudehülle erfordert es immer mehr, die Wohnraumlüftung in die Gebäudeplanung miteinzubeziehen. Mit der Einführung der EnEV 2014 wurde der Nachweis des geplanten **Lüftungskonzepts** zur Pflicht. Damit wieder Häuser unabhängig vom Nutzerverhalten schadensfrei funktionieren und atmen können, sind wir Planer nun darin gefordert, nutzerunabhängigen Feuchteschutz zu gewährleisten. Die Erstellung eines Lüftungskonzepts im Neubau sowie im Fall von Modernisierungen und Sanierungen bei Austausch von mehr als 10 % der Fenster ist heute Pflicht.

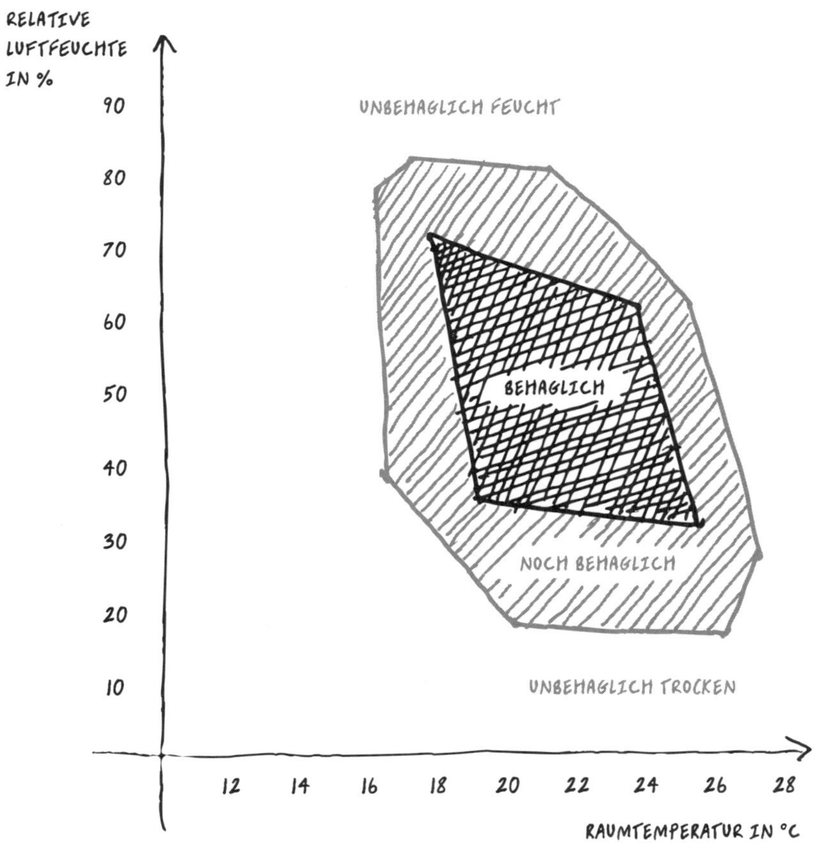
RELATIVE LUFTFEUCHTE IN %
90
80
70
60
50
40
30
20
10
UNBEHAGLICH FEUCHT
BEHAGLICH
NOCH BEHAGLICH
UNBEHAGLICH TROCKEN
12
14
16
18
20
22
24
26
28
RAUMTEMPERATUR IN °C

Luftwechselrate und Volumenstrom

Luftwechselrate und Volumenstrom sind zwei Begriffe, die oft verwechselt werden. Sie beschreiben zwar beide das gleiche Phänomen, dies aber jedoch auf ganz unterschiedliche Weise.

Der **Volumenstrom** beschreibt eine konkrete Luftmenge, die sich von einem Ort zum anderen bewegt, also strömt. Vielen erscheint das in Verbindung mit dem Medium Luft zu abstrakt. Aber man kann sich das auch mit Wasser vorstellen. Will man einen Pool mit 5 000 l Wasser füllen und möchte, dass dieser in einer Stunde voll ist, so müssen eben 5 000 l/h in den Pool fließen bzw. strömen. Das ist ein Volumenstrom. Mit Luft ist das nicht anders, nur sehen wir die Luft in der Regel nicht. Daher auch der Name Volumenstrom: Volumen (Luftmenge) und Strom (Bewegung in der Zeit). Die Einheit des Volumenstroms ist daher folgerichtig m^3/h (Volumen/Zeit).

Dagegen ist die **Luftwechselrate** ein Begriff, der ein Verhältnis beschreibt. Ein 3-facher Luftwechsel bedeutet, dass die Luftmenge eines Raums dreimal in der Stunde vollständig ausgetauscht oder eben ausgewechselt wird. Um bei der Analogie unseres Pools zu bleiben: Das Wasser im Pool soll nun dreimal in der Stunde gewechselt werden. Sprich, die 5 000 l fließen in der Stunde dreimal an dem einen Ende wieder hinaus, während sie an dem anderen Ende neu eingefüllt werden. Kenne ich also das Volumen meines Pools und lege fest, dass das Wasser dreimal in der Stunde auszutauschen ist, dann kann ich auch ausrechnen, welchen Volumenstrom ich benötige, um dies zu bewerkstelligen. In unserem Beispiel benötige ich dreimal 5 000 l in der Stunde an frischem Wasser. Demnach 15 000 l/h an Volumenstrom, um eine 3-fache Auswechslung des Wassers, also eine 3-fache Wechselrate zu erzeugen.

Den Volumenstrom benötigen wir für die Dimensionierung von Rohrleitungen und Lüftungsgeräten oder Durchlässen. Die Luftwechselrate dient hingegen der Feststellung eines Bedarfs.

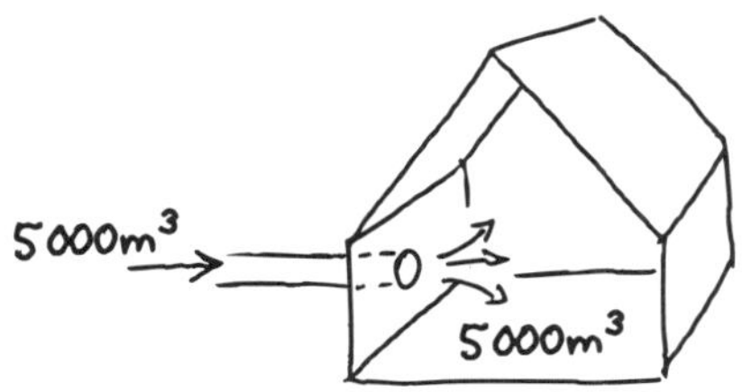

VOLUMENSTROM

UM DAS GEBÄUDE IN EINER STUNDE VOLLSTÄNDIG ZU FÜLLEN, MÜSSEN 5000 m³ LUFT DURCH DAS ROHR IN DAS HAUS STRÖMEN. DAS IST DANN EIN VOLUMENSTROM.

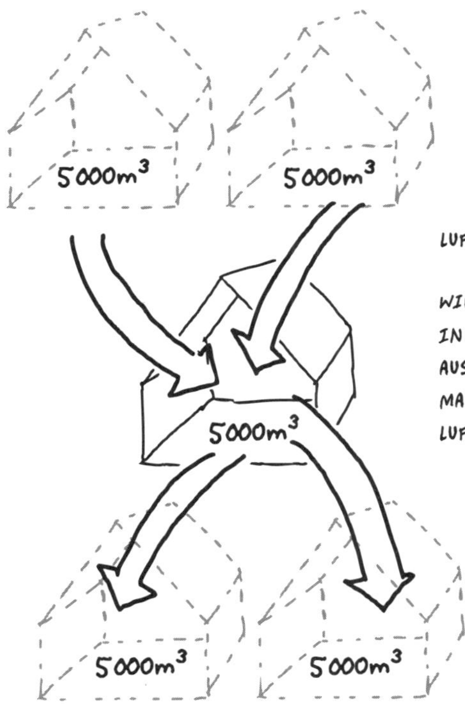

LUFTWECHSEL

WIRD DIE LUFT IM GEBÄUDE IN EINER STUNDE 2-MAL AUSGETAUSCHT, SO NENNT MAN DAS EINEN 2-FACHEN LUFTWECHSEL.

Luftwechselrate (n) im Wohnungsbau

Im Wohnungsbau ist es mit den Luftwechselraten recht einfach. Der Gesetzgeber gibt für die gesetzlichen Energienachweise Luftwechselraten vor. Diese stellen einen maximal zu erwartenden Luftwechsel dar, der sich in Abhängigkeit der geplanten Dichtigkeit und technischen Ausstattung einstellen kann.

Hier zeigt sich dann auch gleich, warum wir Undichtigkeit heute gezielt planen und nicht mehr einfach zulassen. Würden wir wie früher einfach unkontrollierten Luftaustausch zulassen, könnten wir die **Wärmeverluste** von Gebäuden nicht begrenzen oder steuern. Damit wäre es kaum möglich, unsere Klimaziele im Gebäudesektor zu erreichen. Das Reduzieren von Verlusten ohne Beeinträchtigung der Aufenthaltsqualität bedarf heute der Planung.

Wenn wir uns vor Augen halten, dass die Undichtigkeit der Gebäudehülle eines Gründerzeitbaus zu einem 10-fachen Luftwechsel führte, wir aber zur Einhaltung aktueller Grenzwerte gerade mal 5–6 % davon zulassen, wird klar, dass wir heute anders bauen müssen.

Der Begriff der „Luftwechselrate" läuft dem Architekten in der Regel bei den Vorgaben zum **Energienachweis** über den Weg, wird aber auch in anderen Bereichen angewendet. Wir müssen verstehen, dass dieser Begriff keine konkrete Luftmenge abbildet, sondern ein Verhältnis aus vorhandenem Luftvolumen und Austauschrate beschreibt.

n = 0,7

OHNE DICHTHEITSPRÜFUNG

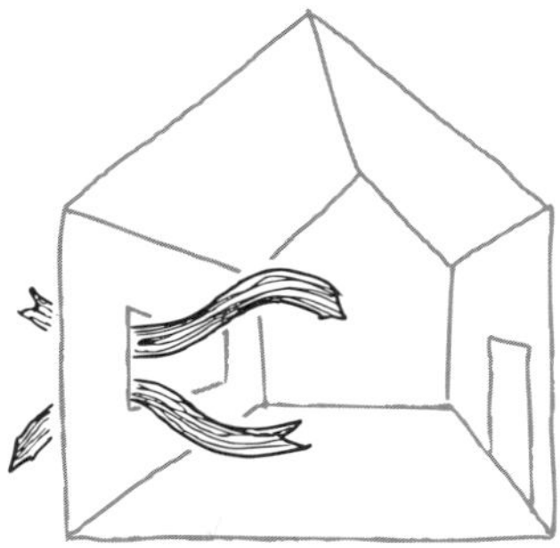

n = 0,6

MIT DICHTHEITSPRÜFUNG
FENSTERLÜFTUNG

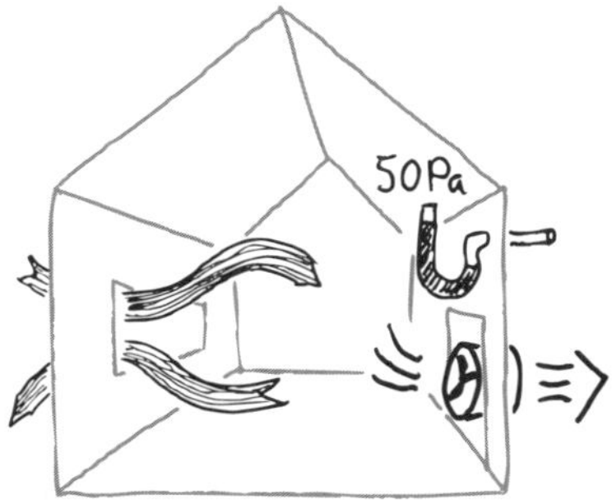

n = 0,6

MIT DICHTHEITSPRÜFUNG
ZU-/ABLUFTANLAGE

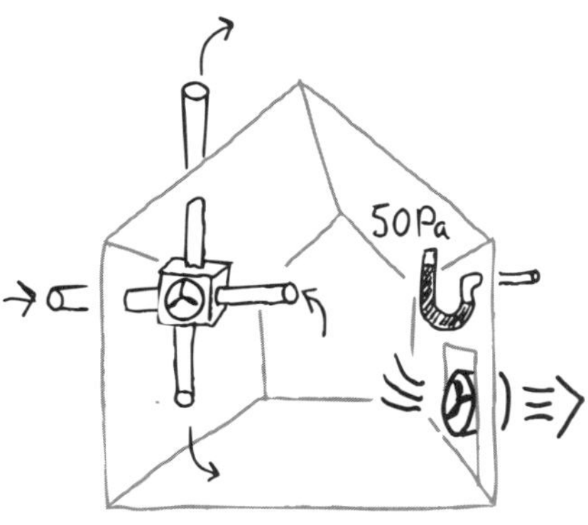

n = 0,55

MIT DICHTHEITSPRÜFUNG
UND ABLUFTANLAGE

n = 0,50

BEDARFSGEFÜHRT

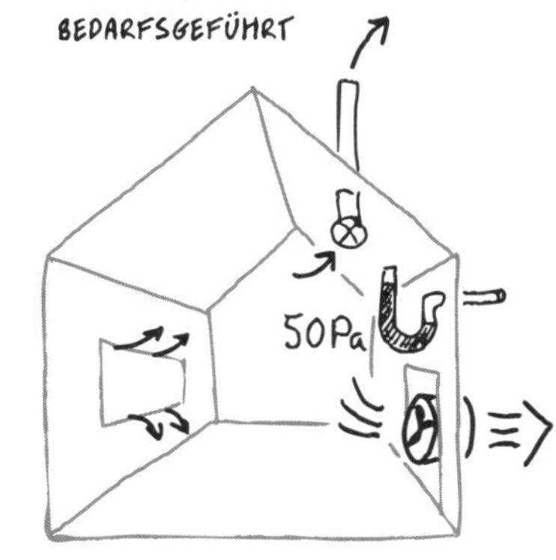

Nennlüftung (V)

Die Dichtheit unserer Gebäudehüllen hat dazu geführt, dass ohne Planung Feuchteschäden entstehen können und sich eine gesunde Lufthygiene nicht mehr automatisch einstellen kann. Nach DIN 1946-6 wird die Lüftung von Wohngebäuden in vier Kategorien eingeteilt:

- Nennlüftung
- Lüftung zum Feuchteschutz (20–40 % der Nennlüftung)
- reduzierte Lüftung (70 % der Nennlüftung)
- Intensivlüftung (130 % der Nennlüftung)

Dabei ist es wichtig, dass die Lüftung zum **Feuchteschutz,** also das absolute Minimum an Luftaustausch, vom **Nutzer unabhängig** realisiert werden muss. Da dieser minimale Luftaustausch dazu dient, Schäden am Gebäude wie Schimmelbildung zu verhindern, muss dieser auch dann gewährleistet sein, wenn gar kein Nutzer im Gebäude ist oder wenn der Nutzer eventuell so unvernünftig ist, den ganzen Winter alle Fenster vollständig geschlossen zu halten. Aus diesem Grund wird genau diese Mindestlüftung zum Feuchteschutz in einem Lüftungskonzept rechnerisch nachgewiesen und geplant.

Die **reduzierte Lüftung** wird als teilweise nutzerunabhängig definiert. Zum Beispiel soll bei der Benutzung von Bädern ein Lüfter über den Lichtschalter angeschaltet werden. Diese Funktion wird ohne Nutzer nicht aktiviert, aber auch nicht bewusst vom Nutzer gesteuert.

Für die **Nennlüftung** und die Intensivlüftung darf hingegen der Planer annehmen, dass der Nutzer diese nach Bedarf durch das Öffnen von Fenstern gewährleistet. Hier muss nur die Möglichkeit zur ausreichenden Belüftung eingeräumt werden.

LÜFTUNG ZUM FEUCHTESCHUTZ

$$V = f_{ws} \times -0{,}002 \times A^2 + 1{,}15 \times A + 11$$

REDUZIERTE LÜFTUNG

$$V = 0{,}7 - 0{,}002 \times A^2 + 1{,}15 \times A + 11$$

NENNLÜFTUNG

$$V = -0{,}002 \times A^2 + 1{,}15 \times A + 11$$

INTENSIVLÜFTUNG

$$V = 1{,}3 - 0{,}002 \times A^2 + 1{,}15 \times A + 11$$

f_{ws}	AB 1995	VOR 1995
>40m²/PERS.	0,2	0,3
<40m²/PERS.	0,3	0,4

LÜFTUNG ZUM FEUCHTESCHUTZ

NUTZERUNABHÄNGIG

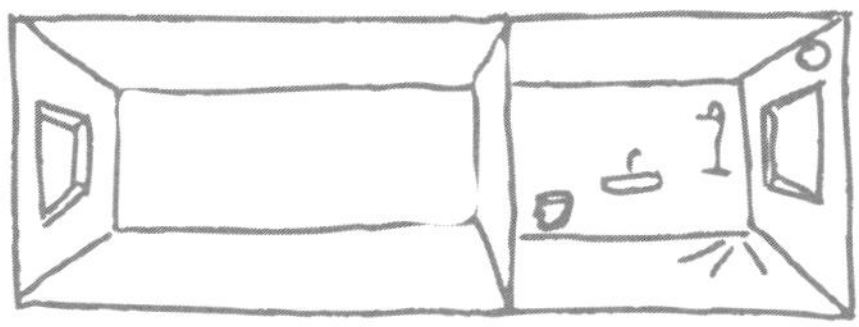

20–40%

REDUZIERTE LÜFTUNG

NUTZERABHÄNGIG
Z. B. BADABLUFT
ÜBER LICHTSCHALTER

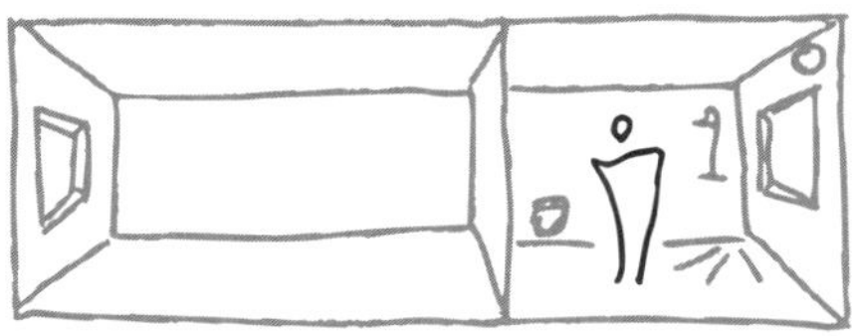

70%

NENNLÜFTUNG

NUTZERABHÄNGIG
KANN ZUSÄTZLICH ZUM FEUCHTESCHUTZ DURCH FENSTERÖFFNUNG ERREICHT WERDEN
(NORMALE NUTZUNG)

100%

INTENSIVLÜFTUNG

NUTZERABHÄNGIG
KANN ZUSÄTZLICH ZUR NENNLÜFTUNG DURCH FENSTERÖFFNUNG ODER ABLUFTANLAGEN ERREICHT WERDEN
(KOCHEN, PARTY ETC.)

130%

Infiltration

Wie wir schon ausgeführt haben, bauen wir heute annähernd dichte Gebäudehüllen. Doch ganz dicht ist kein Gebäude. Die Menge an Luft, die dennoch durch die **Undichtigkeit** der Hülle ausgetauscht wird, nennt sich Infiltration. Der wirksame Luftvolumenstrom der Infiltration zum Nachweis im Lüftungskonzept ist von verschiedenen Eigenschaften des Gebäudes abhängig:

Der Volumenstromkoeffizient ergibt sich aus der Lage des Gebäudes in einer Windzone und der Geschossigkeit der zu betrachtenden Wohneinheit

- eingeschossige Wohneinheit, windschwache Zone 0,04
- eingeschossige Wohneinheit, windstarke Zone 0,08
- mehrgeschossige Wohneinheit, windschwache Zone 0,06
- mehrgeschossige Wohneinheit, windstarke Zone 0,09

sowie dem Auslegungswert n_{50}.

- Gebäude mit Wärmeschutz gem. WSchVO 1995 oder besser 1/h
- Gebäude vor 1995 nach Modernisierung 2/h
- Altbauten vor 1995 4,5/h

Wer das Luftvolumen seiner Wohnung ausrechnen kann, muss nun alles miteinander multiplizieren und erhält seine wirksame Infiltration.

$$q_{V,Inf,Konzept} = e_{Z,Konzept} \times V_{NE} \times n_{50}$$

VOLUMENSTROMKOEFFIZIENT $e_{Z,Konzept}$	WINDSCHWACH	WINDSTARK
EINGESCHOSSIGE NUTZUNGSEINHEITEN	0,04	0,08
MEHRGESCHOSSIGE NUTZUNGSEINHEITEN	0,06	0,09

n_{50}	
1/h	GEBÄUDE AB WSCHVO 1995
2/h	NACH MODERNISIERUNG
4,5/h	ALTBAU VOR 1995

BEISPIEL ALTBAUWOHNUNG 100 m², RAUMHÖHE 3,00 m, WINDSCHWACH

$$q_{V,Inf,Konzept} = 0{,}04 \times 300\,m^3 \times 4{,}5/h = 54\,m^3/h$$

NACH MODERNISIERUNG

$$q_{V,Inf,Konzept} = 0{,}04 \times 300\,m^3 \times 2/h = 24\,m^3/h$$

Zonierung im Grundriss

Die DIN 1946-6 unterscheidet drei Zonen oder Raumarten in der Planung:

- Zulufträume
- Überströmflächen
- Ablufträume

Warum es sich bei den Überströmbereichen in der Definition um Flächen und nicht um Räume handelt, merkt man sich am besten, indem man sich vor Augen führt, dass es sich dabei in der Regel um Flure, Eingangsbereiche oder andere Flächen handelt, die man auch in der Nutzung nicht als Raum bezeichnen würde.

Die Zuordnung im Grundriss erfolgt nach einem einfachen Prinzip: Alle Räume, die mit Feuchtigkeit, Gerüchen oder Wrasen (sprich Dampf) belastet werden, sind im Prinzip **Ablufträume.** Die DIN 1946-6 legt fest, dass derart belastete Luft nicht in andere Bereiche, insbesondere Aufenthaltsräume überströmen darf.

Alle anderen Räume, in die Außenluft direkt oder mittels Lüftungsanlagen zugeführt werden kann, also Zimmer mit Fenster an der Fassade oder mit einer technischen Belüftung, sind **Zulufträume.** Küchen und Bäder fallen, auch wenn sie Fenster haben, unter die zuvor beschriebenen Ablufträume, weil diese eben aufgrund ihrer Nutzung mit Feuchtigkeit, Gerüchen oder Wrasen belastet werden und die Luft in ihnen nicht in den Rest der Wohnung strömen soll.

Alle Flächen, die weder eigene Fenster noch eigene Abluft haben, durch die Frischluft auf dem Weg zur Abluft hindurchströmen kann, sind demnach **Überströmflächen.**

Bädern mit Fenster – auch wenn diese nach DIN 18017-3 keine technische Abluft benötigen – sollte man, da es ohne Abluftanlage schwierig ist, die Anforderung der DIN 1946-6 an Ablufträume einzuhalten, eine mechanische Abluft spendieren.

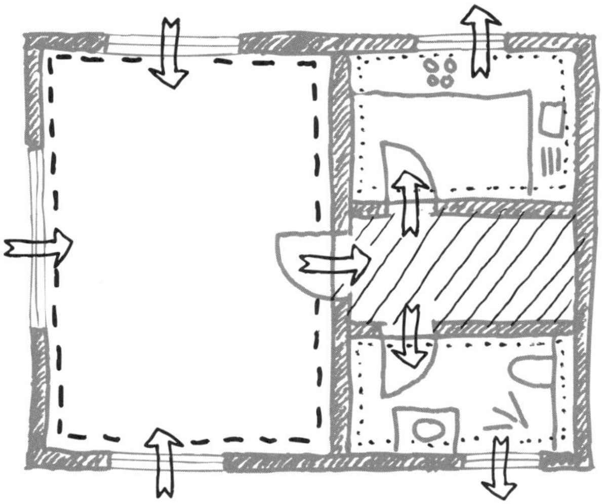

ZULUFTRÄUME
AUFENTHALTSRÄUME MIT AUSSENLUFTZUFUHR

ABLUFTRÄUME
WCS, BÄDER, KÜCHEN

ÜBERSTRÖMFLÄCHEN
RÄUME OHNE EIGENE ZU-/ABLUFT UND ZUMEIST FLURE

Innenliegende Bäder und WCs

Wenn wir Wohnungsgrundrisse mit innenliegenden Bädern und WCs planen, so müssen wir zwingend zusätzlich zur DIN 1946-6 noch die DIN 18017-3 beachten. Innenliegende Bäder und WCs müssen zwangsweise nach dieser Norm mechanisch entlüftet werden.

Dies erfolgt in der Regel durch einen Lüfter, der entweder

- permanent den Raum entlüftet,
- zeitgesteuert den Raum entlüftet,
- feuchtegesteuert den Raum entlüftet,
- manuell geschaltet den Raum entlüftet.

Den letzten Fall kennt bestimmt jeder. Wenn das Licht angeschaltet wird, geht kurz darauf der Lüfter an, und wenn es wieder ausgeschaltet wird, läuft er noch ein paar Minuten nach. Diese Einrichtung genügt zwar auch der DIN 18017-3, ist aber dafür nicht für die Feuchteschutzlüftung im Lüftungskonzept nach DIN 1946-6 anwendbar, da es sich nicht um eine nutzerunabhängige Abluft handelt. Die elegante Variante, welche beiden DIN-Normen gerecht wird, ist die feuchtegesteuerte Abluft in innenliegenden Räumen. Die permanente und die zeitgesteuerte Abluft dürfen wir auch anwenden. Diese arbeiten aber nicht bedarfsgerecht und sind daher unter Umständen nicht ganz so energiesparend.

Die Berechnung von Abluftanlagen nach DIN 18017-3 führt der Haustechnikingenieur durch. Es ist jedoch ratsam, den **Volumenstrom** dieser Anlage von Beginn an in das Lüftungskonzept zu integrieren und entsprechend auszulegen. In vielen Fällen übersteigt die Menge an Luft, die eine solche Anlage nach DIN 18017-3 aus der Wohnung absaugt, die Möglichkeiten der Infiltration und auch die Luftmenge zum Feuchteschutz nach DIN 1946-6. Es muss aber ermöglicht werden, dass die Luft, die die Abluftanlage aus der Wohnung saugt, auch immer nachströmt. Sonst würde in der Wohnung, übertrieben gesagt, ein Vakuum entstehen. Dann muss die Zuluft entsprechend dieser Luftmengen ermöglicht werden. In diesen Fällen sind auch die Forderungen für den Feuchteschutz in der Regel übererfüllt. Man kann sich merken: Hat eine Wohnung einen entlüfteten innenliegenden Raum, ist das Lüftungskonzept meist leicht aufzustellen.

DIN 18017-3

MECHANISCHE ENTLÜFTUNG FÜR WCS UND BÄDER OHNE FENSTER

	R-ZD	R-BO	R-PN	R-PD
	ZEITABHÄNGIG MIT DAUERBETRIEB	BEDARFSABHÄNGIG MIT DAUERBETRIEB	PRÄSENZGEFÜHRT MIT NACHLAUF	PRÄSENZGEFÜHRT MIT DAUERBETRIEB
BAD	20-40 m^3/h	15-40 m^3/h	0-60 m^3/h	15-60 m^3/h
WC	10-20 m^3/h	7,5-20 m^3/h	0-20 m^3/h	7,5-20 m^3/h
KONFORM	DIN 1946-6	DIN 1946-6		DIN 1946-6

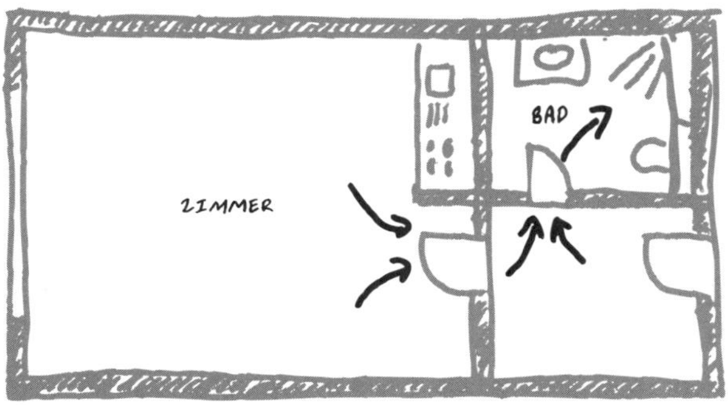

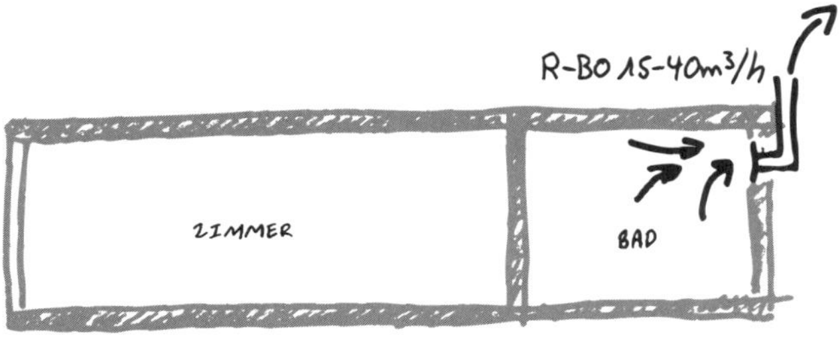

Lüftungskonzept

Im Wohnungsbau ist seit der Einführung der **EnEV 2014** die Erstellung eines Lüftungskonzepts vorgeschrieben. Die hohen Standards, die an die Gebäudehülle gestellt werden, um die Zielvorgaben der Energieeinsparung zu realisieren, konfrontieren uns mit bauphysikalischen Problemen besonders beim Feuchteschutz.

Vor 2014 überließ man dieses Problem den Bewohnern und verteilte Lüftungsanweisungen, wie und wann die Wohnungen zu lüften seien. Da dies aber nicht der Weisheit letzter Schluss sein konnte, besteht heute die Pflicht, einen Nachweis zu führen. Das Gebäude ist nutzerunabhängig, also ohne dass jemand Fenster öffnen muss, vor Feuchteanreicherung und damit Schimmel zu schützen.

Solch ein Lüftungskonzept muss die Berechnung des notwendigen Volumenstroms beinhalten, die freie Strömung innerhalb der Wohnung nachweisen und definieren, mit welchen technischen Lösungen oder Geräten Zu- und Abluft gewährleistet werden soll.

Im Grunde bedeutet dies rechnerisch nur, dass die Mindestlüftung zum Feuchteschutz je Wohnung oder abgeschlossener Wohneinheit zu berechnen ist. Anschließend kann von diesem Wert die Infiltration des Gebäudes abgezogen werden. Der restliche Volumenstrom ist planerisch und technisch zu gewährleisten.

FREIE LÜFTUNG

LÜFTUNG ZUM FEUCHTESCHUTZ
- INFILTRATION
= TECHNISCH ZU REALISIERENDE LÜFTUNG

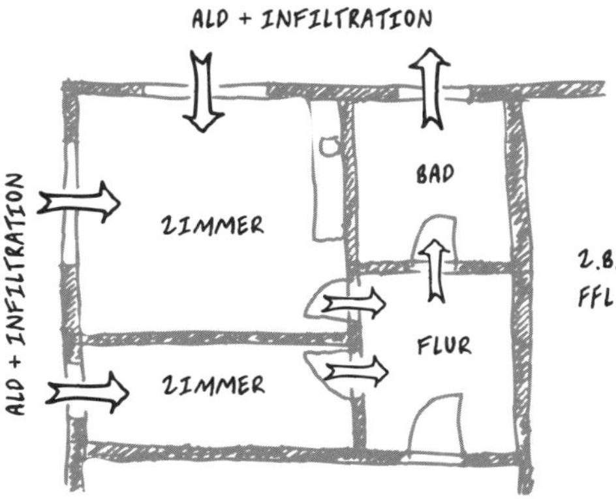

Z.B. ALD (AUSSENWANDDURCHLASS),
FFL (FENSTERFALTLÜFTER)

MASCHINELLE LÜFTUNG

VOLUMENSTROM NACH DIN 18017-3
- INFILTRATION
= ZU REALISIERENDE NACHSTRÖMUNG

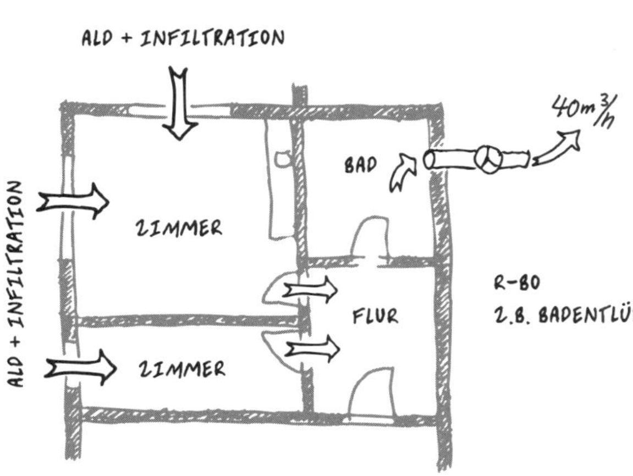

R-BO
Z.B. BADENTLÜFTER MIT FEUCHTESENSOR

Ausgeglichene Wohnungslüftung

Da Luft dazu neigt, sich möglichst direkt von Überdruck zu Unterdruck zu bewegen, ist es wenig zielführend, einen Lufteinlass und Luftauslass an jeweils nur einer Stelle im Grundriss zu planen. Wenn wir in einer Zweizimmerwohnung mit innenliegendem Bad zum Beispiel im Bad eine Abluft einbauen und im Wohnzimmer eine Zuluftöffnung, würde die Luft in dem zweiten Zimmer nicht ausgetauscht werden. Um solche Kurzschlüsse in der Lüftung zu vermeiden und dafür zu sorgen, dass alle Räume gleichmäßig be- und entlüftet werden, planen wir immer eine sogenannte ausgeglichene Wohnungslüftung, beziehen also alle Räume mit ein.

Die Idee dahinter ist ganz einfach. Wenn wir den Lüftungsbedarf der Wohnung errechnet haben, verteilen sich die Luftmengen passend zu den Raumgrößen einfach auf alle **Zulufträume.** Da sich die Luftdrucke innerhalb der Wohnung ausgleichen, werden die Zuluftöffnungen entsprechend des jeweiligen Bedarfs der Räume dimensioniert. Dann stellt sich ein ausgeglichenes Verhältnis an Luftaustausch zwischen den Zulufträumen ein.

Damit die Luft sich also verteilt, muss sie innerhalb der Wohnung frei strömen können. Dies muss auch bei geschlossenen Türen funktionieren. Daher ist auch das **Überströmen von Luft** von Raum zu Raum nachzuweisen und zu planen. Dies erfolgt durch entsprechende freie Querschnitte unter dem Türblatt, den Einbau von Lüftungsgittern in Türblätter oder von Lüftungsöffnungen in die Wände. Hierbei kommt man oft mit dem Schallschutz in Konflikt. Daher gilt es auch hier, einiges zu beachten.

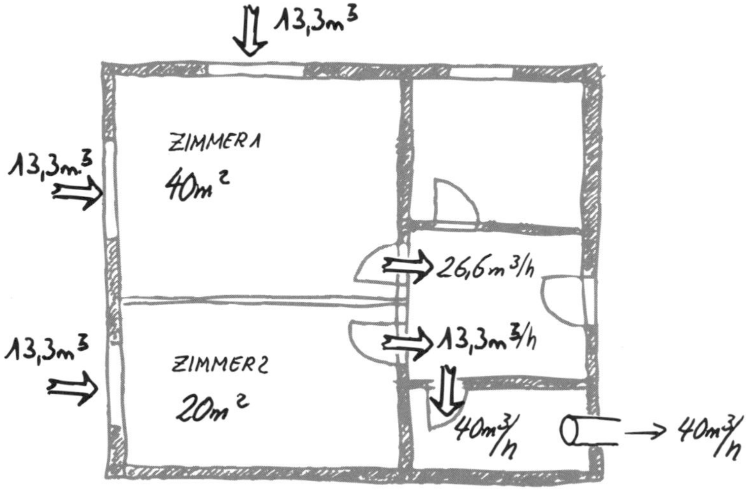

$$\frac{\text{ZIMMER 1}}{\text{ZIMMER 2}} = \frac{40}{20} = \frac{2}{1}$$

$$\frac{40m^3}{3} = 13{,}3m^3$$

→ 26,6m³ ZIMMER 1

→ 13,3m³ ZIMMER 2

Visualisierung des Lüftungskonzepts

Es sei kurz angemerkt, dass jedes Sichtbarmachen durch eine Zeichnung oder Abbildung eine Visualisierung ist. Diesen Begriff gab es schon vor der Erfindung des 3D-Renderings. Um ein Lüftungskonzept zeichnerisch darzustellen, hat die DIN für uns gewisse Zeichen und Farben genormt:

- Außenluft: grün
- Zuluft: rot
- Abluft: gelb
- Fortluft: braun

Leider kommt es bei den Paaren Außenluft und Zuluft sowie Abluft und Fortluft häufig zu Verwechslungen.

- Der Begriff **Außenluft** wird immer dann verwendet, wenn die Luft tatsächlich ohne technische Behandlung und künstlichem Antrieb von außen in ein Gebäude eindringt.
- Die **Zuluft** hingegen wird durch ein technisches Gerät einem Raum zugeführt. Diese kann technisch behandelt werden. Man kann diese kühlen, erwärmen oder befeuchten, trocknen sowie filtern.
- Die **Abluft** ist die Luft, welche aus einem Raum in ein Rohr oder technisches Gerät abgeführt wird. Dabei hat die Luft das Gebäude dann noch nicht verlassen. Diese bekommt einen gelben Pfeil.
- Wenn die Luft das Gebäude verlässt, spricht man von **Fortluft**, die mit einem braunen Pfeil gekennzeichnet wird.
- **Alle Pfeile zeigen stets die geplante Strömungsrichtung.**

Die Räume werden wiederum nach DIN 1946-6 in ihrer Funktion gekennzeichnet. Dafür sind keine Farben genormt. In die Räume schreiben wir den Bedarf an Volumenstrom je Raum. An die Pfeile den Volumenstrom je Strömung. Dann benennen wir noch die technischen Einrichtungen zur Realisierung der Volumenströme und sind auch schon fertig.

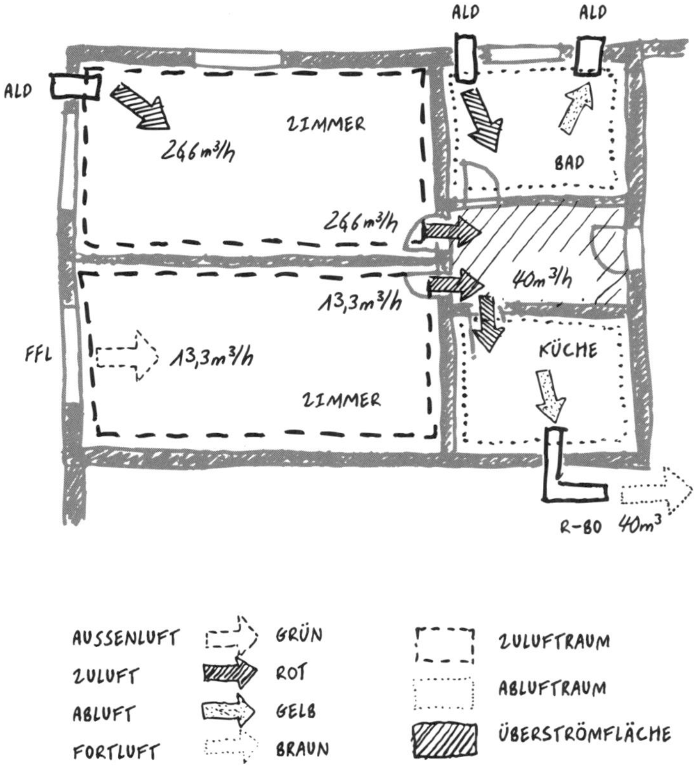

ALD AUSSENWANDDURCHLASS

FFL FENSTERFALZLÜFTER

R-80 BADENTLÜFTER FEUCHTEGEFÜHRT

Schachtplanung

Wenn sich lüftungstechnische Einrichtungen in der Architektur negativ bemerkbar machen, dann entweder durch Lüftungsöffnungen an der Gebäudehülle oder bei den **Versorgungsschächten** in den Grundrissen. Auch wenn dieses Thema nur mittelbar mit dem Lüftungskonzept zu tun hat, ist die Frage der Bemessung von Rohrdurchmessern oft für die Grundrissplanung von großer Bedeutung. Denn nur zwei Rohrleitungstypen machen Architekten wirklich zu schaffen: Abwasser- und Luftleitungen.

Um ein Rohr für eine Abluftleitung zu bemessen, benötigen wir nur den **Volumenstrom.** Den erhalten wir entweder aus der Bemessung nach DIN 18071-3 oder DIN 1946-6.

Hier müssen wir noch beachten, dass aufgrund der Geräuschentwicklung in Lüftungsleitungen die **Luftgeschwindigkeit** in den Rohren zu begrenzen ist. Die Luft darf sich nicht schneller als 5 m/s bewegen.

Ebenso zu beachten ist, dass sich die Luftmengen mit jeder angeschlossenen Wohnung an einer Leitung addieren. Der Rest ist Geometrie.

Der Volumenstrom in m^3/h muss durch ein Rohr mit einer Querschnittsfläche in m^2 gepresst werden. Teilt man nun den Volumenstrom durch die Querschnittsfläche, erhält man eine Geschwindigkeit in m/h. Um die Werte vergleichen zu können, brauchen wir jedoch die Einheit m/s, wozu wir die Stunde durch 3 600 s ersetzen. Wollen wir ein rundes Rohr berechnen, was im Wohnungsbau recht üblich ist, so benötigen wir noch die Kreisformel.

Und am Ende wird alles nach Fläche oder Radius umgestellt und schon wissen wir, welchen Platzbedarf die Leitung bzw. das Rohr hat.

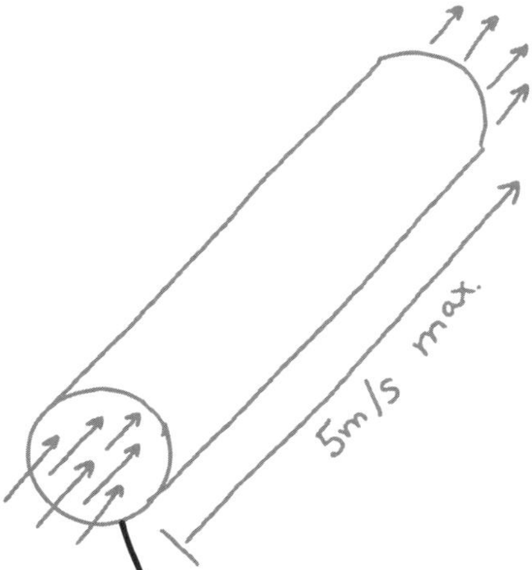

A_{min} bei 5m/s

$$A = \frac{\text{VOLUMENSTROM}}{\text{GESCHWINDIGKEIT}}$$

$$\left(m^2 = \frac{m^3 \times s}{h \times m}\right)$$

1h – 3600s

$$\Rightarrow \left(m^2 = \frac{m^3 \times s}{3600s \times m}\right)$$

$$A = \pi \times r^2 \longrightarrow \Rightarrow A = \frac{V \quad \times s}{3600s \times 5m}$$

$$\Rightarrow \pi \times r^2 = \frac{V \quad \times s}{3600s \times 5m} \;\Big|\; /\pi \quad \Rightarrow r^2 = \frac{V \quad \times s}{3600s \times 5m \times \pi} \;\Big|\; \sqrt{\;}$$

$$\Rightarrow r = \sqrt{\frac{V \quad \times s}{3600s \times 5m \times \pi}} \Rightarrow = \sqrt{\frac{V(\tfrac{m^3}{h}) \times s}{3600s \times 5m \times \pi}} \Rightarrow = \sqrt{\frac{V}{3600 \times 5 \times \pi}}\, m$$

$$\Rightarrow r = \sqrt{\frac{V}{56\,520}}\, m$$

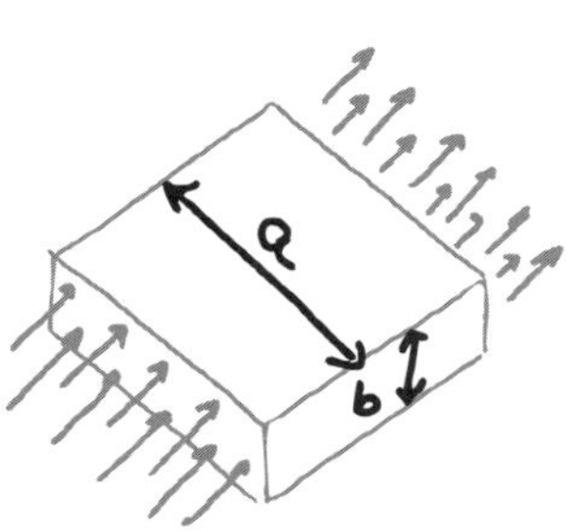

$$A = \frac{\text{VOLUMENSTROM}}{\text{GESCHWINDIGKEIT}}$$

$$A = \frac{V \quad \times s}{3600s \times 5m}$$

$$A = a \times b$$

Wärmerückgewinnung dezentral

Die Wärmerückgewinnung wird in der Planung und den Nachweisen zur Energieeinsparung immer wichtiger. Wenn wir überhaupt noch fossile Brennstoffe als Energieträger einsetzen wollen, kommen wir an einer Kompensation durch Raumlüftung mit Wärmerückgewinnung kaum herum. Da im Geschosswohnungsbau nur selten zentrale Lüftungsanlagen verbaut werden, kommen hier vermehrt dezentrale Systeme zum Einsatz. Oft werden dazu Fassadenlüfter mit Wärmerückgewinnung verwendet. Diese findet man oft unter dem Namen Push-and-Pull-Systeme.

Die Idee ist simpel. Man realisiert die notwendige Lüftung eines Gebäudes über **Fassadenlüfter.** Nun legt man aber diese Lüfter gleich auf die Nennlüftung aus und ermöglicht somit dem Nutzer, vollständig auf das Öffnen der Fenster im Regelbetrieb verzichten zu können.

Diese Lüfter werden immer in Paaren in verschiedenen Räumen angeordnet.

Sie haben Einsätze, die aus der Abluft der Räume die Raumwärme gewinnen und speichern können, um sie wieder an die kalte Zuluft abgeben zu können. Im Betrieb wechseln die Lüfter hierzu immer paarweise ihre Strömungsrichtung in zeitlichen Intervallen. Dadurch wird immer in dem Lüfter, der die Außenluft einbläst, die gespeicherte Wärme an die frische Zuluft abgegeben, während in dem Lüfter, der die verbrauchte Luft absaugt, aus der warmen Abluft Wärme gespeichert wird.

Bei diesem System ist darauf zu achten, dass die **Ablufträume** nicht in die Kreisläufe integriert werden. Diese müssen eigene Lüfterpaare oder gesplittete Lüfter erhalten, damit ihre mit Feuchtigkeit oder Gerüchen belastete Luft nicht in Zulufträume geraten kann.

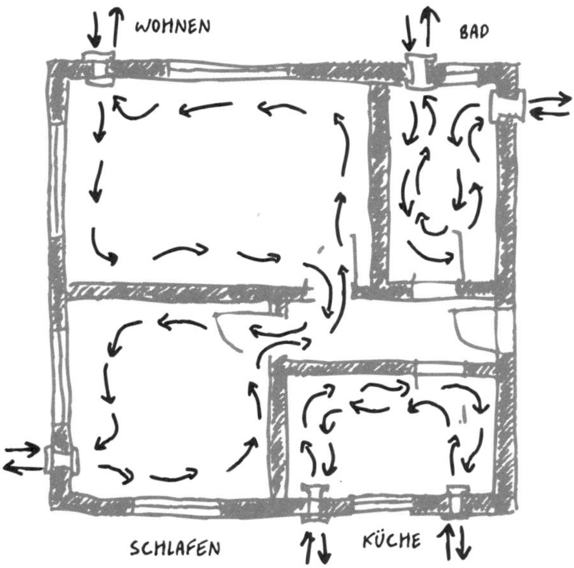
WOHNEN
BAD
SCHLAFEN
KÜCHE

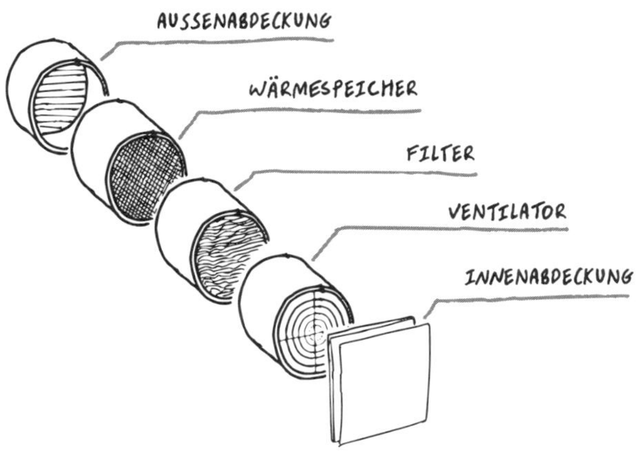
AUSSENABDECKUNG
WÄRMESPEICHER
FILTER
VENTILATOR
INNENABDECKUNG

Wärmerückgewinnung zentral

Seltener finden wir im Geschosswohnungsbau zentrale Lüftungsanlagen. Der hohe Installationsaufwand mit all den Zu- und Abluftleitungen wird oft gescheut oder erscheint unwirtschaftlich. Diese werden jedoch im Passivhausbereich sowie im Bürobau häufig verwendet.

Diese Anlagen haben eine **zentrale Lüftereinheit,** in der über verschiedene Varianten von Wärmetauschern die Wärme der Abluft an die Zuluft abgegeben wird. Da das Gerät zentral untergebracht ist, werden entsprechend viele Rohrleitungen zu den Wärmetauschern benötigt. Auch hier ist die Schallübertragung über die Leitungen erneut zu beachten.

Wichtig für das Konzept einer solchen Anlage ist, dass die Abluft aus den Ablufträumen gesaugt wird und zugleich die Zuluft nur in die Zulufträume eingeblasen wird. Innerhalb der Wohnung bleiben die Luftströmungen weiterhin wie gehabt. Diese Anlagen haben oft eine höhere Effizienz als dezentrale Anlagen und gewährleisten eine hohe Lufthygiene, da sie einen ständigen Unterdruck der Ablufträume gewährleisten können.

Weiterhin sollte man darauf achten, dass man die Zuluft so in die Räume einleitet, dass die Luft das gesamte Raumvolumen durchströmt und nicht direkt an der Zimmertür wieder abgesaugt wird.

Diesen Teil der Planung überlässt man am besten dem Haustechnikingenieur. Was jedoch der Architekt frühzeitig einschätzen und einplanen muss, ist der **Platzbedarf** für Geräte und Rohre sowie ihre Öffnungen und Lüftungsgitter sowie die Schallübertragung über die Leitungen.

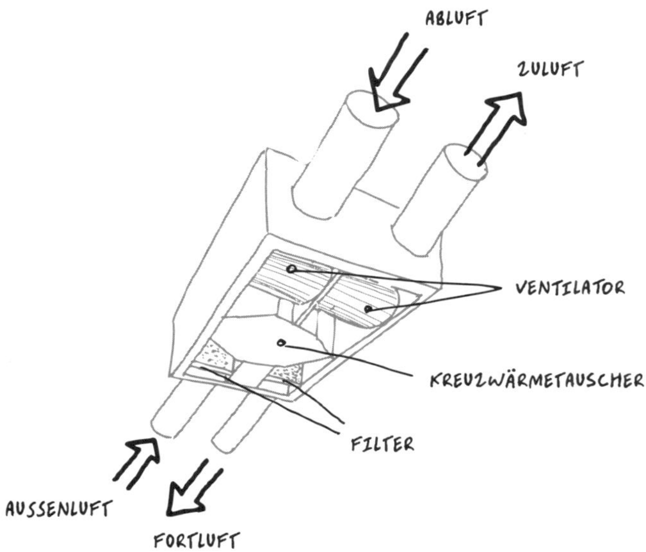
ABLUFT
ZULUFT
VENTILATOR
KREUZWÄRMETAUSCHER
FILTER
AUSSENLUFT
FORTLUFT

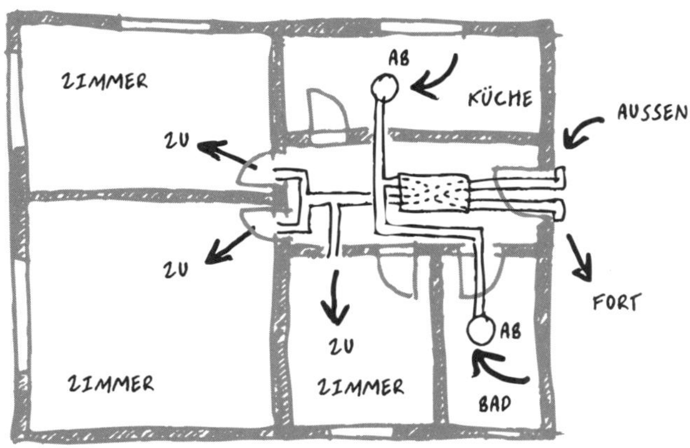
ZIMMER
AB
KÜCHE
AUSSEN
ZU
ZU
FORT
AB
ZU
ZIMMER
ZIMMER
BAD

05

Sommerlicher Wärmeschutz

Sommerlicher Wärmeschutz

Der sommerliche Wärmeschutz wird immer wichtiger. Durch hochwertige Wärmedämmungen und effiziente Heizungstechnik haben wir den Winter mittlerweile gut in den Griff bekommen. Durch den Einsatz erneuerbarer Energien können wir heute die noch notwendige Energie nachhaltig zur Verfügung stellen und somit Gebäude ohne Erzeugung von CO_2-Emissionen im Winter betreiben und eine hohe Behaglichkeit erlangen.

Das alles hilft uns allerdings im Sommer nicht. Im Gegenteil stehen technische Bemühungen, die wir für den Winter betreiben, den Bedürfnissen im Sommer teilweise sogar entgegen. Gebäude durch den Einsatz von Klimaanlagen zu kühlen, kann aber hier nicht die Lösung sein. Daher muss auch der sommerliche Wärmeschutz bereits früh im Entwurf beachtet und konzipiert werden. Wärme, die wir im Sommer gar nicht erst ins Haus lassen, müssen wir auch nicht wegklimatisieren.

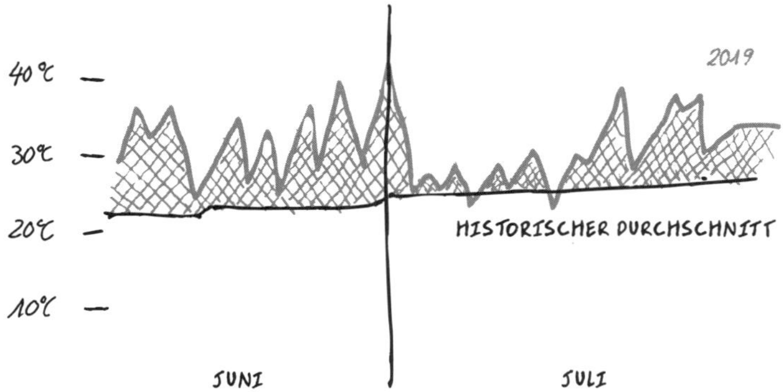
2019
40 °C
30 °C
20 °C
10 °C
HISTORISCHER DURCHSCHNITT
JUNI
JULI

Bauartschwere

Eine der wohl am meisten unterschätzten Eigenschaften eines Gebäudes ist die Bauartschwere. Dabei nimmt diese Eigenschaft eine der wichtigsten Rollen in der Planung des sommerlichen Wärmeschutzes ein und ist früh bedacht sogar einfach und kostengünstig zu beeinflussen.

Die Bauartschwere meint dabei nicht wirklich das Gewicht eines Gebäudes, sondern ist ein Indikator für seine **thermische Trägheit** und Fähigkeit, Innenraumtemperaturen ohne Einsatz von Technik passiv aufrechtzuerhalten. Diese Eigenschaft eines Baustoffes ist abhängig von seiner Wärmespeicherkapazität und Dichte. Jeder weiß aus eigener Erfahrung, dass ein Steinboden nach Sonnenuntergang länger warm bleibt als ein Holzboden.

Je besser diese physikalische Eigenschaft eines Gebäudes ist, desto weniger Einsatz von Sonnenschutz oder Kühlung wird notwendig. Aber eines muss gegeben sein, damit ein Gebäude seine Bauartschwere auch ausspielen kann: Die Wärme, die von den Bauteilen am Tag aufgenommen wird, muss nachts durch Lüften wieder abgeführt werden. Sonst erhitzt sich selbst das „schwerste" Gebäude.

Achtung: Auch hier ist die Welt nicht schwarz-weiß. Es gibt Fälle, in denen hohe Bauartschwere von Nachteil ist. Sie ist abhängig vom Konzept. Denn Bauteile, die gut Wärme aufnehmen und speichern, tun dies auch im Winter. Dementsprechend dauert es auch länger, diese aufzuheizen, wenn sie einmal ausgekühlt sind. Diese Trägheit beim Aufheizen ist beispielsweise bei temporär genutzten Gebäuden eher problematisch. Ein Wochenendhaus, das unter der Woche nicht warm gehalten wird, benötigt für die kurzfristige Nutzung eher eine schnelle Reaktionszeit. Daran sollte man denken, um die Bauteilschwere an die Nutzung anzupassen.

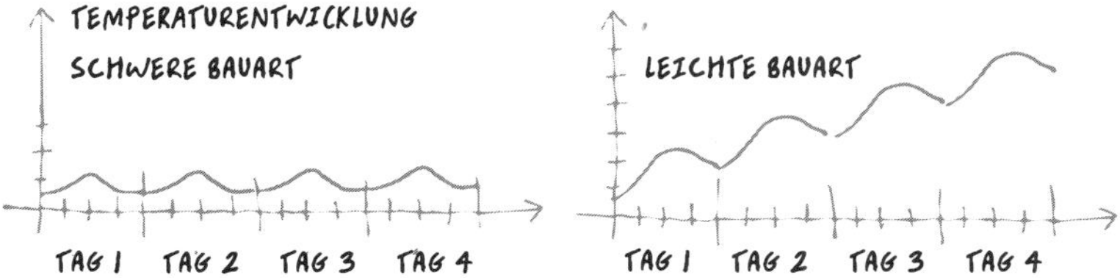

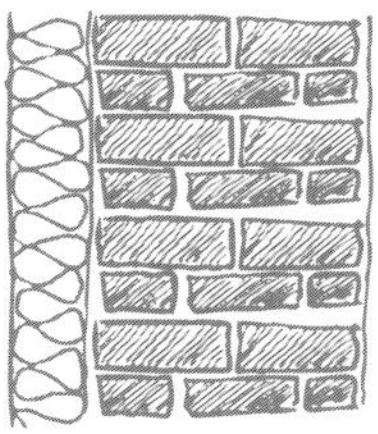

KALKSANDSTEIN MIT WÄRMEDÄMMUNG

U=0,26

DICHTE 1 600 kg/m³

KAPAZITÄT 1

=> SCHWER

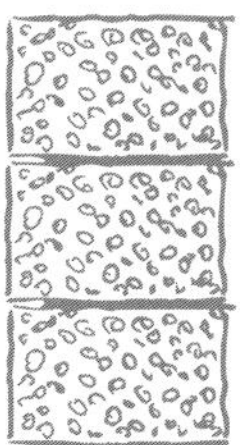

PORENBETON

U=0,24

DICHTE 550 kg/m³

KAPAZITÄT 1

=> LEICHT

GLEICHE WÄRMEDÄMMUNG
VERSCHIEDENE TRÄGHEIT IM INNENRAUM

Berechnung von C_{WIRK}

Um die Bauartschwere eines Gebäudes oder eines Raums zu berechnen, muss man nur ein paar Grundregeln beachten.

Grundsätzlich wird davon ausgegangen, dass alle Baustoffe innerhalb eines Tag-Nacht-Zyklus Energie nur mit einer **Eindringtiefe** von 10 cm aufnehmen bzw. abgeben können. Daher ist jedes Bauteil nur mit 10 cm Tiefe über seine sichtbare Oberfläche wirksam.

Luftschichten oder Wärmedämmungen unterbrechen den Energiefluss. Daher sind mehrschichtige Bauteile nur bis zu einer Dämm- oder Luftschicht wirksam.

Teilen sich Bauteile zwei Räume, wie im Fall einer Raumtrennwand, und sind sie weniger als 20 cm stark, können sie jedem Raum nur die Hälfte ihrer Materialstärke zur Verfügung stellen.

Beachtet man diese drei Regeln, ist die Berechnung einfach. Die Formel ergibt sich von ganz allein aus sichtbarer Oberfläche, wirksame Materialstärke, Kapazität und Dichte der raumbegrenzenden Bauteile.

Den größten Einfluss haben meistens die Decken und Fußböden. Leider neigen viele Nutzer und auch Planer dazu, sich diese Wirkung für ein gutes sommerliches Raumklima durch Parkett und abgehängte Decken wegzuplanen.

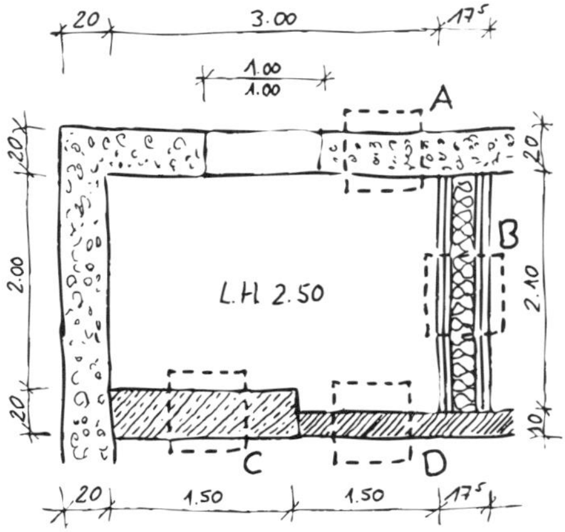

DECKENAUFBAU
FUSSBÖDEN ESTRICH D = 6cm
DECKE STB. D = 25cm

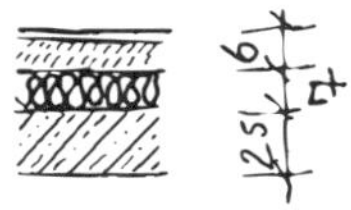

LEICHT	< 50 Wh/Km²
MITTEL	50 – 130 Wh/Km²
SCHWER	>130 Wh/Km²

A PORENBETONAUSSENWAND D = 20cm

MAX 10cm WIRKSAM

B GIPSKARTON STÄNDERWAND

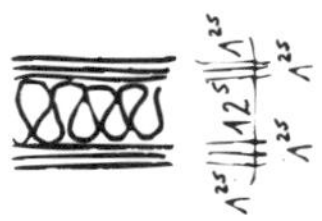

MAX 2,5cm WIRSAM

C STAHLBETONSTÜTZE D = 20cm

MAX 10cm WIRKSAM

D KS-WAND D = 10cm

MAX 5cm WIRKSAM

$$C_{WIRK} = \sum \frac{(\rho \times c_p) \times d \times A}{3{,}6} \frac{Wh}{K} / NF = \frac{Wh}{m^2 K}$$

BAUTEIL	OBERFLÄCHE (m²)	SCHICHTDICKE (m)	ρ×c_p (kWs/m³K)	C_WIRK
PORENBETON AUSSENW.	(3m + 2m) × 2,5m − 1m² Fenster = 14m²	0,1m	550	770
GK-STÄNDERW.	2m × 2,5m = 5m²	0,025m	900	112,5
STB-STÜTZE	1,5m × 2,5m = 3,75m²	0,1m	2 350	881,2
KS-WAND	1,5m × 2,5m = 3,75m²	0,05m	1 600	300
STB-DECKE	2m × 3m = 6m²	0,1m	2 350	1 410
ESTRICHBODEN	2m × 3m = 6m²	0,06m	1 020	367,2

$$\sum 3\,840 / 3{,}6 = \underline{1\,066}$$

$$\frac{1\,066\ Wh}{6m^2\ K} = 177 \Rightarrow \underline{\text{SCHWER}}$$

Nachtlüftung

Die Luft ist nachts grundsätzlich aufgrund fehlender Sonneneinstrahlung kühler als am Tag. Um die Bauartschwere auch zur **Nachtauskühlung** aktivieren zu können, muss jedoch ordentlich gelüftet werden. Nur so kann die kühle Nachtluft die Bauteile auch abkühlen und die am Tag gespeicherte Energie abtransportieren. Daher ist die zweite konzeptionelle Maßnahme bei der Planung, einen hohen nächtlichen Luftaustausch im Sommer zu ermöglichen. Dies bezeichnet man als Nachtlüftung. Auch hier gibt es drei einfache Regeln, die der Verhinderung von Reibung und Widerstand beim Luftaustausch dienen.

Warme Luft steigt nach oben, kalte Luft sinkt zu Boden. Daher erleichtern große vertikale Abstände von Öffnungen oder vertikal ausgerichtete Öffnungen die Bewegung von Luft. Hindernisse wie Gitter, Lamellen, Rollläden oder Vorhänge stören die Luftströmung.

Wenn Luft sich nur in eine Richtung bewegt, wird Widerstand vermieden und es werden Druckverhältnisse ausgenutzt, daher ist Querlüftung besser. Unterschieden werden drei Lüftungssituationen für den Sommerfall:

Ohne Nachtlüftung: Die Fenster sind nachts zu. Die Bauteile können keine Wärme an die kühle Nachtluft abgeben. Das Haus wird die Wärme von Tag zu Tag akkumulieren und dabei immer wärmer werden.

Erhöhte Nachtlüftung: Beschreibt eine nächtliche Luftwechselrate von mindestens 2-fach pro Stunde. Diese Luftwechselrate ist im Übrigen schon bei gekipptem Fenster mit geschlossenem Rollladen nicht mehr zu erreichen.

Hohe Nachtlüftung: Beschreibt eine nächtliche Luftwechselrate von mehr als 5-fach pro Stunde. Dies ist nur sehr schwer zu realisieren. Dazu sollte schon Querlüftung möglich sein und die Fenster sollten mindestens halb offen stehen. Eine Situation, in der sich jedoch viele Menschen nachts nicht sicher fühlen.

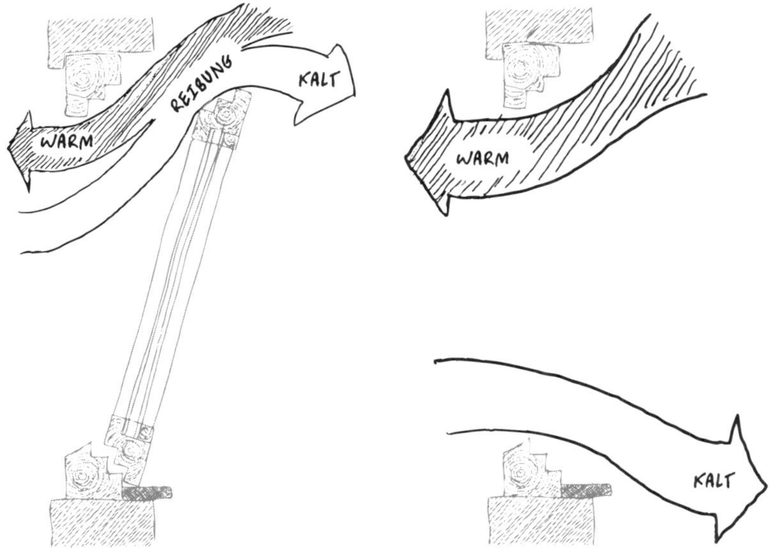

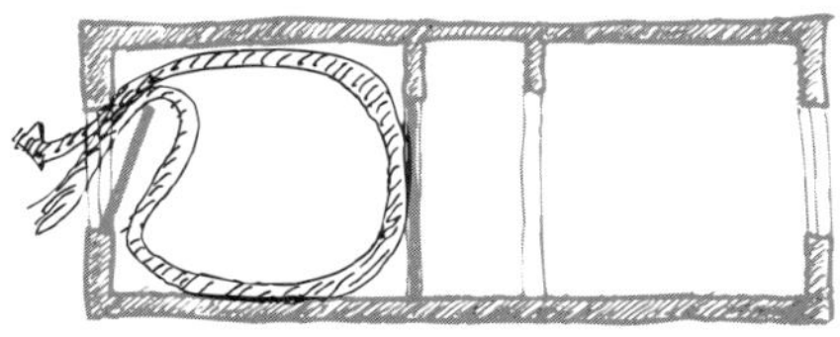

GEKIPPTES FENSTER
OHNE QUERLÜFTUNG

OFFENES FENSTER
OHNE QUERLÜFTUNG

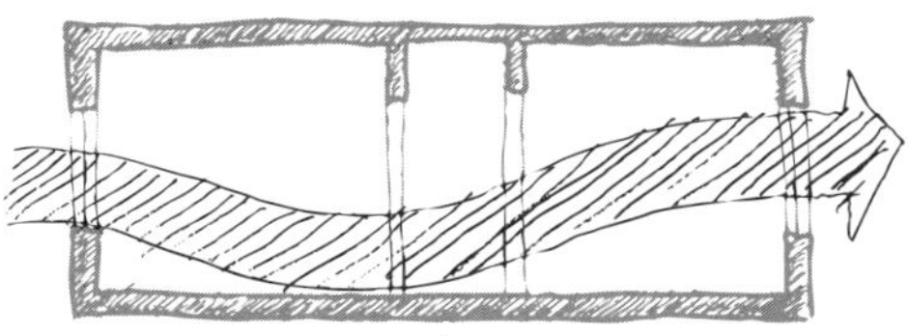

OFFENES FENSTER
MIT QUERLÜFTUNG

Sonnenschutz

Selbst das „schwerste" Gebäude mit Durchzug in der Nacht stößt an seine Grenzen, wenn wir die Sonnenenergie tagsüber im Hochsommer ungehindert hineinlassen. Da es einen hohen Aufwand erfordert, überschüssige Wärme aus einem Gebäude wieder hinauszubekommen, gilt es, diese erst gar nicht hereinzulassen.

Es bedarf keines Energieaufwands, ein Gebäude vor Sonneneinstrahlung zu schützen. Hingegen ist der Energiebedarf hoch, um Wärme aus dem Haus abzuführen. Daher sollte ein Gebäude so geplant werden, dass es dem Nutzer möglich ist, den Sonneneintrag im Sommer so stark wie möglich zu reduzieren. Man sollte jedoch dabei möglichst vermeiden, die solaren Gewinne im Winter zu reduzieren. Daher ist ein Sonnenschutz, der im Sommer und Winter verschieden wirksam ist, das intelligente Mittel der Wahl.

Da Sonnenschutzglas im Sommer und im Winter aktiv ist, bieten sich andere Verschattungsmaßnahmen an. So kann man Fenster durch bewegliche **Sonnenschutzeinrichtungen** schützen, wie etwa Markisen oder Jalousien, die man im Winter einfach einfährt. Auch Fensterläden, ob zum Schieben, Klappen oder Falten, bieten sich natürlich an.

Es gibt aber auch Möglichkeiten, den Sonnenwinkel zu nutzen, indem man Vordächer oder Sonnenbrecher plant, welche die Fenster vor der hohen Sommersonne schützen, aber die flache Wintersonne hineinlassen.

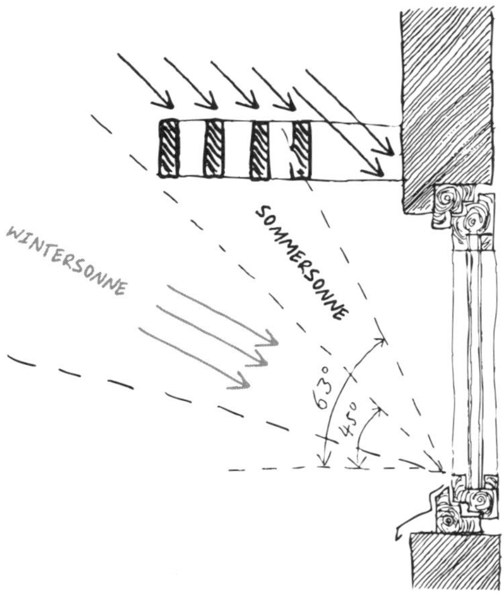

VERSCHATTUNG
DURCH STÄDTEBAU IM SÜDEN

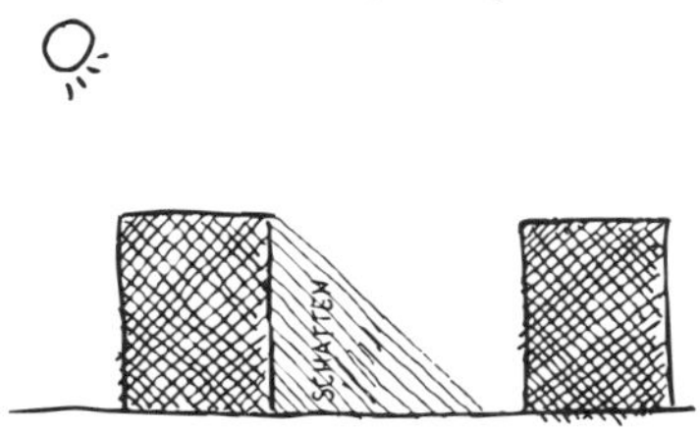

LICHT, LUFT UND SONNE
IM NORDEN

Sonnenschutzverglasung (g)

Eine Methode des Sonnenschutzes stellt der Einsatz einer Sonnenschutzverglasung dar. Hier wird das Glas der Fenster ähnlich einer Sonnenbrille dazu verwendet, die Sonnenenergie am Eindringen in das Gebäude zu hindern. Leider jedoch kann ein Haus im Winter die Sonnenbrille nicht einfach abnehmen. Eine Sonnenschutzverglasung sperrt daher leider auch im Winter die Energie aus. Daher ist eine Sonnenschutzverglasung selten eine ideale Lösung. Als Sonnenschutzverglasung verstehen wir nach DIN 4108 und DIN EN 410 alle Gläser mit einem g-Wert kleiner / gleich 0,4. Also ein Glas, das weniger als 40 % der Sonnenenergie hindurchlässt. Ein weiteres Problem der Sonnenschutzverglasung ist, dass viele dieser Gläser, wenn sie g-Werte unter 0,3 erreichen, auch den Tageslichtdurchlass reduzieren. Um bei dem Bild der Sonnenbrille zu bleiben, kann es dann hinter diesen Gläsern entsprechend dunkel werden. Eine Eigenschaft, die wir in dunkleren Jahreszeiten alles andere als positiv empfinden und die die Aufenthaltsqualität der Räume sehr negativ beeinflusst.

Da ein Sonnenschutzglas meist auch sichtbares Licht aussperrt, ist es für den entwerfenden Planer wichtig, sich immer parallel zum g-Wert einer Verglasung auch den T_L-Wert anzuschauen. Der T_L-Wert gibt an, wie viel des Tageslichts, also des sichtbaren Lichts, die Verglasung hindurchlässt. Daher heißt dieser Wert auch **Lichttransmissionsgrad.** Da dieser einen Durchlass angibt, ist es logisch, dass wir diesen so groß wie möglich haben wollen. Ein T_L-Wert von 0,7 beschreibt, dass diese Verglasung 70 % des Tageslichts in das Gebäude hereinlässt. Die Industrie hat auch mittlerweile gute Sonnenschutzfolien entwickelt, die man vor allem nachträglich zur Verbesserung der g-Werte aufbringen kann. Solche Folien gibt es von der „Verdunkelungsfolie", die ähnlich absorbierende Eigenschaften wie gefärbtes Sonnenschutzglas aufweisen soll, bis hin zur sonnenwinkelabhängigen, reflektierenden Prismenfolie. Die Letztere verspricht Sonnenschutz im Sommer bei gleichzeitigem Erhalt der solaren Gewinne im Winter und das alles ohne merkliche Verdunkelung. Diese Folien sind quasi an derselben Stelle und auf dieselbe Art wirksam wie Sonnenschutzgläser. Verwendung finden diese oft bei nachträglichen Verbesserungsmaßnahmen an Verglasungen, um einen Austausch der Gläser zu vermeiden.

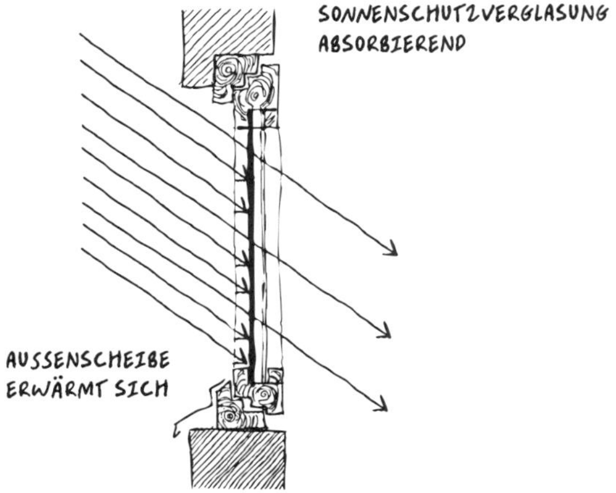
SONNENSCHUTZVERGLASUNG
ABSORBIEREND
AUSSENSCHEIBE
ERWÄRMT SICH

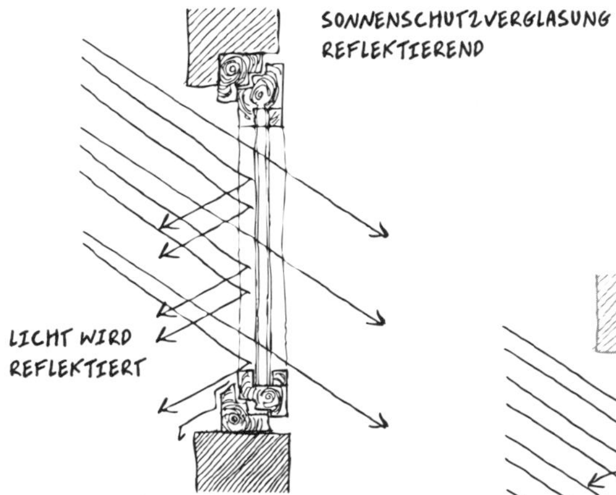
SONNENSCHUTZVERGLASUNG
REFLEKTIEREND
LICHT WIRD
REFLEKTIERT

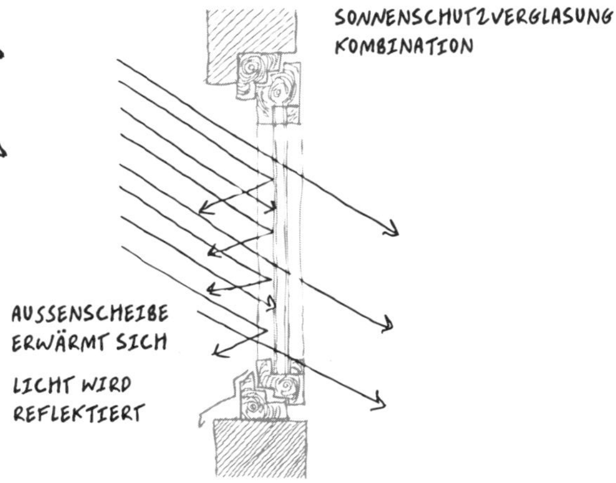
SONNENSCHUTZVERGLASUNG
KOMBINATION
AUSSENSCHEIBE
ERWÄRMT SICH
LICHT WIRD
REFLEKTIERT

Rahmenanteil (F_F)

Da Sonnenlicht nur durch transparente Bauteile hindurchscheint, stellen Fensterrahmen eine **Art von Sonnenschutz** dar. Das mag kleinlich klingen, aber je nach Fenstergröße und Rahmen- bzw. Sprossenanteil können da bisweilen durchaus 30–40 % unserer Rohbauöffnung aus Rahmen bestehen.

Im Allgemeinen nehmen wir für F_F den Wert 0,7 an. Damit liegen wir in der heutigen Zeit ganz gut – sprich, immerhin macht der durchsichtige Teil einer Fensteröffnung nur 70 % aus. Gehen wir aber einmal zurück in das 19. Jahrhundert. Da hatte eine Fensteröffnung in der Regel mehr Flügel und die hatten dann noch echte Sprossen. Wenn wir überschlägig davon ausgehen, dass jede Sprosse, jeder Rahmen und jeder Flügelrahmen rund 5 cm breit ist, dann kommt ein Fenster von 1 mal 2 m mit zwei Flügeln und vier Sprossen je Flügel ganz schnell auf eine Rahmenfläche von ca. 1,5 m^2. Die ganze Fensteröffnung hat jedoch nur 4 m – sprich, dieses Fenster hat gerade mal noch 2,5 m^2 Glas. Hier hätten wir einen Abminderungsfaktor F_F von 0,5. So klein ist das dann nicht mehr.

Die zeitgenössische Architektur jedoch neigt zu großflächigen Verglasungen mit wenig Rahmenanteil. Das kleine Rechenbeispiel zeigt uns aber das Problem, das wir uns mit den großen Fenstern sprichwörtlich ins Haus geholt haben. Wo man in der Vergangenheit viele kleine Fenster entwarf, hat man bei aufsummierten Fensterflächen dennoch nur rund ein Drittel an transparenten Bauteilen geschaffen, was direkt zu nur einem Drittel der sommerlichen Wärmebelastung der Innenräume geführt hat. Heute holen wir uns die Sommerhitze direkt ins Haus und reagieren auf diese entwurfliche Rahmenbedingung mit Gegenmaßnahmen wie Sonnenschutzeinrichtungen und Sonnenschutzglas. Glücklicherweise haben wir heute diese Technologien. Was wir tunlichst vermeiden wollen, ist jedoch der Einsatz aktiver Kühltechnik, also von Klimaanlagen. Diese dürfen wir für einen Nachweis auch gar nicht verwenden.

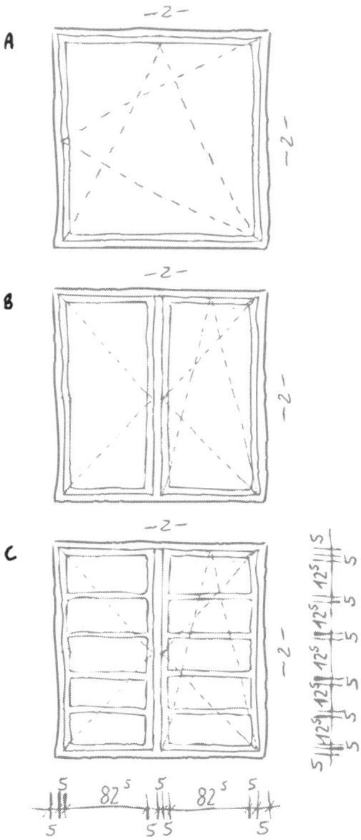

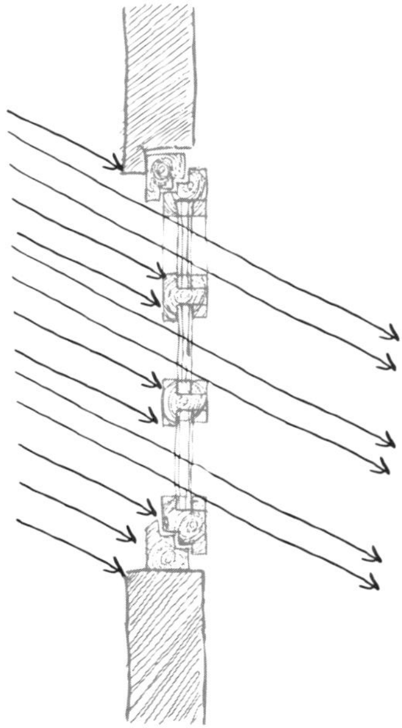

ROHBAUÖFFNUNG

$2m \times 2m = 4m^2$

A RAHMEN $(2m \times (0{,}05 + 0{,}05)m) \times 4 = 0{,}8m^2$

RAHMENANTEIL $\frac{0{,}8m^2}{4m^2} = 0{,}2$ (20%)

$F_F = 80\% = \underline{0{,}8}$

B RAHMEN $(2m \times (0{,}05 + 0{,}05)m) \times 7 = 1{,}4m^2$

RAHMENANTEIL $\frac{1{,}4m^2}{4m^2} = 0{,}35$ (35%)

$F_F = 65\% = \underline{0{,}65}$

A RAHMEN $((2m \times (0{,}05 + 0{,}05)m) \times 7) + ((0{,}8m \times 0{,}05)m \times 8) = 1{,}72m^2$

RAHMENANTEIL $\frac{1{,}72m^2}{4m^2} = 0{,}43$ (43%)

$F_F = 57\% = \underline{0{,}57}$

Permanente Verschattung (F_S)

Dachüberstände und Sonnenbrecher stellen einen effizienten Sonnenschutz her. Da man diese weder bewegen noch demontieren kann, bezeichnet man sie als permanent. Gut entworfen und konzipiert sollten diese auch auf die unterschiedlichen Bedarfe im Sommer und im Winter reagieren.

Die permanente Verschattung lässt die Sonnenstrahlen nicht bis zu den Fenstern und verhindert somit effizient einen ungewollten Energieeintrag in die Innenräume. Richtig dimensioniert und positioniert kann sie jedoch die gewünschten solaren Gewinne der niedrigen Sonnenstände in den Wintermonaten gewährleisten. Sie stellt dabei zwingend immer auch ein **architektonisches Gestaltungselement** dar, welches gleichzeitig ein wichtiges Element der „passiven Haustechnik" ist.

Im Nachweis findet dies durch den Abminderungsfaktor F_S seine Berücksichtigung. Da dieser Sonnenschutz vom Sonnenwinkel abhängig ist, wird die Effizienz nach Verschattungswinkel berechnet. Oft werden seitliche Verschattungen auch mit F_F und Verschattungen von oberhalb der Öffnungen mit F_O bezeichnet.

Eine Erwähnung soll hier ebenfalls die permanente Verschattung durch andere Objekte finden, wie zum Beispiel benachbarte Häuser oder andere bauliche Anlagen. Diese Methode der Reduzierung des Sonneneintrags kennen wir etwa aus dem Städtebau im Süden. Hier werden die Gassen nicht so schmal angelegt, um die Fußgänger zu ärgern. Die Enge des Straßenraums schafft eine Welt im Schatten der Nachbarbebauung. Straßen werden hier genauso vor Sonneneinstrahlung geschützt wie die Fassaden der Gebäude. Dieses Gegenkonzept zum modernen Städtebau von Luft, Licht und Sonne hat eine regionale Berechtigung. Doch auch bei uns kann wechselseitige Verschattung genutzt werden. Der Abminderungsfaktor, durch den diese Verschattung in die Berechnung des sommerlichen Wärmeschutznachweises einfließt, hat ebenfalls das Kürzel F_S oder auch F_H. Auch hier nimmt der Verschattungswinkel großen Einfluss auf die Höhe der anrechenbaren Abminderung.

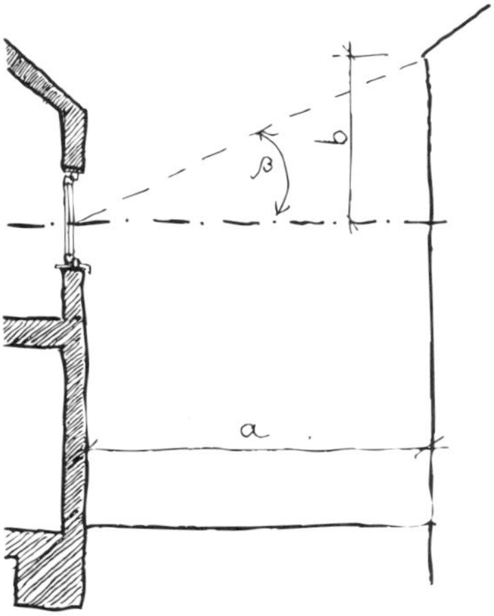

F_H VERSCHATTUNG DURCH ANDERE BAULICHE OBJEKTE

DIN 4108-2 TABELLE A.1

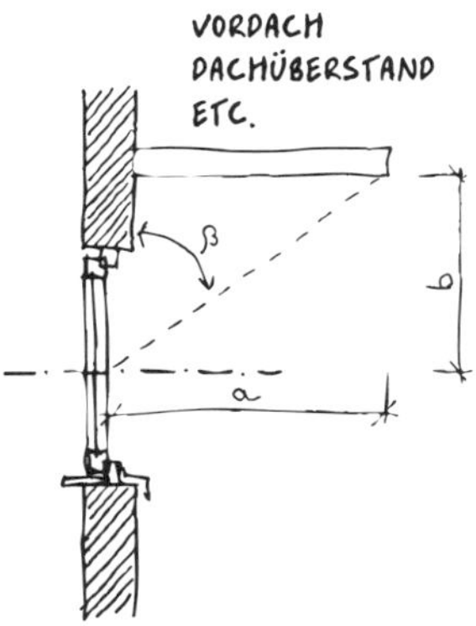

F_O VERSCHATTUNG DURCH ÜBERHÄNGE

DIN 4108-2 TABELLE A.2

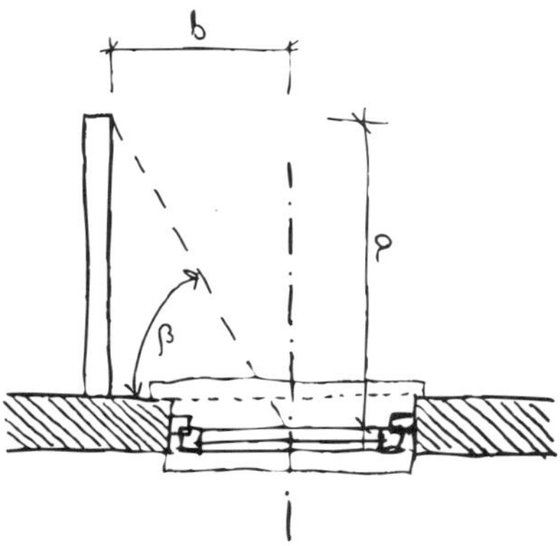

F_F SEITLICHE VERSCHATTUNG

DIN 4108-2 TABELLE A.3

Sonnenschutzeinrichtung (Fc)

Die wohl derzeit am meisten verbreitete Art, die Sonne auszusperren, stellt der bewegliche, aber fest installierte Sonnenschutz dar. Da gibt es Außenraffstore oder Außenjalousien, Falt- oder Schiebeläden, Rollläden sowie textilen Sonnenschutz, Außenrollo oder Markise.

Der **Rollladen** darf mittlerweile auch als Sonnenschutz angerechnet werden. Einen Rollladen als Sonnenschutz zu verwenden, bringt jedoch einige Probleme mit sich, da man die Verdunklung der Räume mit Rollläden kaum in ausreichendem Maße dosieren kann. Ist also ein Raum im Sommer auf geschlossene Rollläden angewiesen, um sich nicht zu stark aufzuheizen, wird dieser immer sehr dunkel sein. Will man solche Räume am Tag benutzen, wird man an den schönsten Sommertagen künstliches Licht einschalten müssen und von der Außenwelt optisch fast völlig abgeschnitten sein. Daher ist der Einsatz von Rollläden für den sommerlichen Wärmeschutz kritisch zu hinterfragen.

Auf keinen Fall sollte diese Sonnenschutzeinrichtung mit ihren **innenliegenden** Verwandten verwechselt werden. Diese heißen zwar oft ähnlich, sind aber in ihrer Wirkung auf keinen Fall vergleichbar. Dass der innenliegende Sonnenschutz dem außenliegenden nicht ebenbürtig ist, erklärt sich fast von allein. Wir wollen mit dem Sonnenschutz erst gar nicht Wärmeenergie in das Haus einfließen lassen. Liegt der Sonnenschutz aber innen, ist die Energie bereits im Haus, bevor dieser seine Funktion erfüllen kann. Der innenliegende Sonnenschutz mindert allerdings die Einwirkung der Strahlung direkt auf innere Bauteile und bietet dennoch Sicht- und Blendschutz.

Der Abminderungsfaktor für den temporären Sonnenschutz hat in der Formel die Bezeichnung F_C.

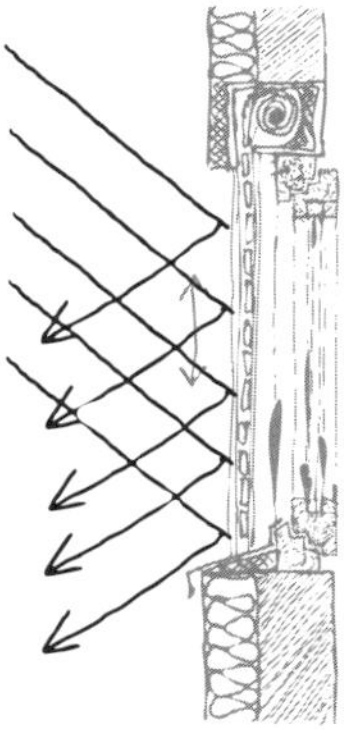

ROLLLÄDEN,
FENSTERLÄDEN

OHNE
SONNENSCHUTZGLAS
F_C = 0,1

MIT
SONNENSCHUTZGLAS
F_C = 0,15

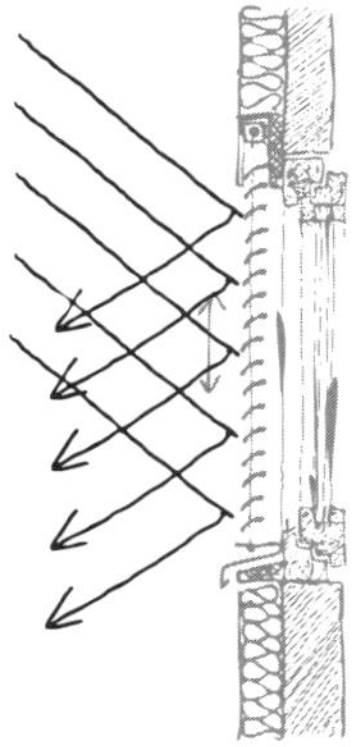

JALOUSIEN,
RAFFSTORE

OHNE
SONNENSCHUTZGLAS
F_C = 0,15

MIT
SONNENSCHUTZGLAS
F_C = 0,2

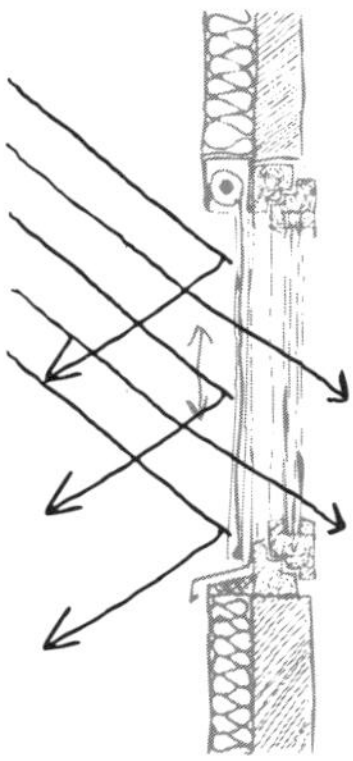

MARKISE
(ZIP-SCREEN)

OHNE
SONNENSCHUTZGLAS
F_C = 0,25

MIT
SONNENSCHUTZGLAS
F_C = 0,30

ALTERNATIV
HERSTELLERANGABEN

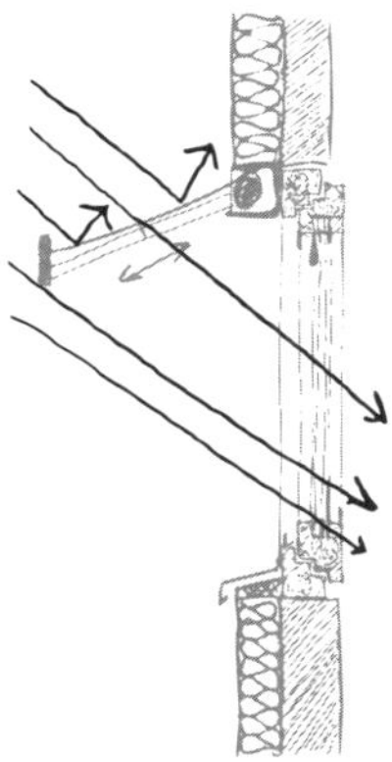

AUSSTELLMARKISE

OHNE
SONNENSCHUTZGLAS
F_C = 0,50

MIT
SONNENSCHUTZGLAS
F_C = 0,55

ALTERNATIV
HERSTELLERANGABEN

F_C GEM. DIN 4108-2 TABELLE 7

Gesamtenergiedurchlassgrad (g_{total})

Die Effizienz, mit der wir baulich das Gebäude vor Sonnenenergie im Sommer schützen, wird mit dem Kürzel g_{total} beschrieben.

Betrachten wir die Formel für g_{total}, so wird der Einfluss der einzelnen Maßnahmen sehr deutlich, die wir zum Schutz vor der Sonnenenergie ergreifen können. g_{total} ist das Produkt aus dem g-Wert, also der Eigenschaft des Glases (siehe Sonnenschutzverglasung), F_S (siehe permanente Verschattung), F_C (siehe Sonnenschutzeinrichtung) und F_F (Abminderung durch Rahmenanteil).

Alle drei haben dasselbe Gewicht und sind damit gleichermaßen für die Abminderung der Sonnenenergie relevant. Ein Beispiel: Wenn wir uns mit Basecap (F_C) und Sonnenbrille (g) unter einen Baum (F_S) setzen, sind unsere Augen auch besser geschützt als mit einer Maßnahme allein. Und alle Maßnahmen werden als **Abminderungsfaktoren** logischerweise multipliziert. Das steckt schon im Namen Faktor und erscheint auch logisch, wenn man sich einmal folgendes Bild vor Augen hält:

In unserem Beispiel auf der rechten Seite wird ein Sonnenstrahl mit 100 % Sonnenenergie durch eine Sonnenschutzeinrichtung wie ein Tuch in seiner Intensität vermindert. Nehmen wir einmal an, das Tuch hat aufgrund seiner Eigenschaften die Fähigkeit, 20 % der Energie zu reflektieren. Dann werden demzufolge 80 Prozent der Energie durchgelassen. Oder 100 % Sonnenenergie × 0,8 (F_C) = 80 % Rest. Diese restliche Energie macht sich nun weiter auf den Weg und trifft auf ein Sonnenschutzglas, dieses absorbiert oder reflektiert 40 % der Energie und lässt 60 % durch. Demnach werden die bereits nur 80 % Sonnenenergie mit 0,6 (g) multipliziert und es bleiben nur noch 48 % der ursprünglichen Energie übrig, die dann auf den Zimmerboden auftreffen. Energie wird demnach jedes Mal, wenn sie auf eine abmindernde Einrichtung trifft, um den jeweiligen Faktor reduziert. Schreibt man alle diese Stationen nun direkt in eine Formel hintereinander, sieht das so aus:

Sonnenenergie × F_C × g = Sonnenenergie Rest
Es werden alle Abminderungsfaktoren multipliziert.

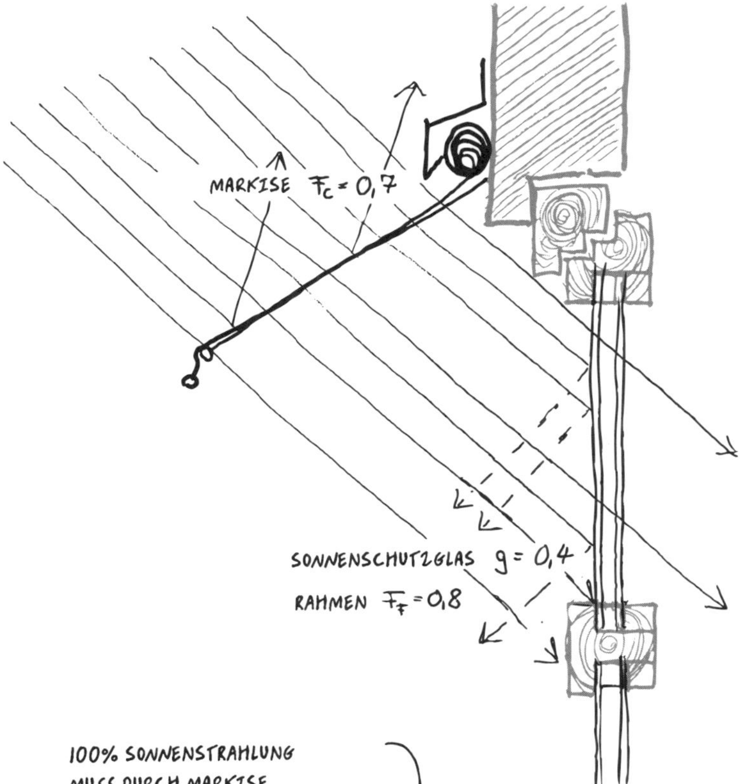

100% SONNENSTRAHLUNG
MUSS DURCH MARKISE

$100\% \times 0{,}7 = 70\%\ (F_C)$

DIE RESTLICHEN 70%
TREFFEN ZUM TEIL AUF RAHMEN

$70\% \times 0{,}8 = 56\%\ (F_F)$

$$g_{tot} = g \times F_C \times F_F$$

DIE RESTLICHEN 56%
MÜSSEN DURCH DAS GLAS

$56\% \times 0{,}4 = \underline{22{,}4\%}\ (g) \Longrightarrow g_{tot} = \underline{\underline{0{,}224}}$

Fensterflächenanteil (f_{WG})

Da wir grundsätzlich davon ausgehen, dass Sonnenenergie nur durch transparente Bauteile in einem relevanten Maß in das Gebäude eindringt, ist die Fensterfläche von großer Bedeutung.

Es leuchtet jedem ein, dass große Fensterflächen mehr Licht, also auch mehr Sonnenenergie in das Haus lassen. Da die absolute Fensterfläche nicht genügend Aussagekraft für einen Nachweis hat, wird stattdessen der **grundflächenbezogene** Fensterflächenanteil (f_{WG}) ermittelt. Dafür wird die Fensterfläche eines Raums durch seine Fußbodenfläche dividiert. Das macht Sinn, da so ein Verhältnis aus Raumgröße und Fensterfläche gebildet werden kann. Je größer der Raum, desto mehr Bauteilfläche muss die einfallende Sonne erwärmen, bevor es im Raum unbehaglich warm wird.

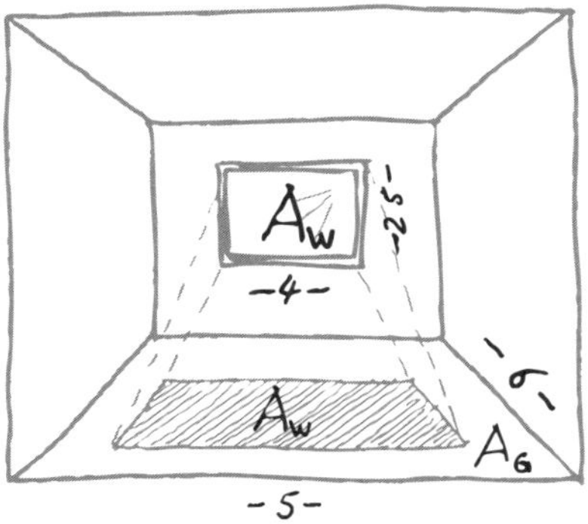

A_W (WINDOW)

A_G (GROUND)

$$f_{WG} = \frac{A_W}{A_G}$$

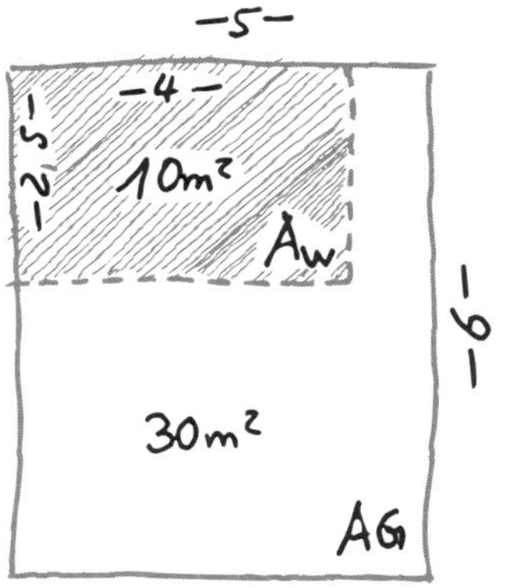

$$A_W = 2{,}5m \times 4m = 10m^2$$

$$A_G = 5m \times 6m = 30m^2$$

$$f_{WG} = \frac{10m^2}{30m^2} = \frac{1}{3} = 0{,}\overline{33}$$

Der kritische Raum

Grundsätzlich wird es nicht für notwendig erachtet, einen sommerlichen Wärmeschutznachweis für alle Räume eines Gebäudes durchzuführen. Man begnügt sich mit der Betrachtung des Raums, von dem die größte Last an Sonnenenergie zu erwarten ist. Bekommt man diesen Raum mit den geplanten Maßnahmen in den Griff und wendet man dieselben Prinzipien und Konzepte auch auf den Rest des Gebäudes an, dann reicht es für alle anderen Räume erst recht. Es wird also davon ausgegangen, dass die Sonnenschutzmaßnahmen für alle anderen Räume genauso ausgeführt werden wie für den schlimmsten Raum.

Diesen Beispielraum nennt man den kritischen Raum. Es sollte aber immer klar sein, dass für alle anderen Räume die gleichen Maßnahmen rechnerisch **überdimensioniert** sind. Möchte man Kosten sparen oder aus architektonischen Gründen den Sonnenschutz variieren, sollte man auch für weitere Räume einen sommerlichen Wärmeschutznachweis führen oder mit aufwendigeren Computersimulationen arbeiten.

Hat der kritische Raum einen **Fensterflächenanteil kleiner als 10 %,** so kann auf Maßnahmen des Sonnenschutzes verzichtet werden. Nun gibt es an der Stelle jedoch ein kleines Problem. Die Bauordnungen fordern für Aufenthaltsräume von Wohngebäuden einen Fensterflächenanteil von mindestens 1/8, was 12,5 % entspricht. Es kann also eigentlich gar keinen Raum mit weniger als 10 % Fensterflächenanteil geben.

Bei der Suche nach dem kritischen Raum im eigenen Projekt ist die Vorgehensweise logisch. Man sucht sich die Räume mit sehr viel Fensterfläche. In der Regel schauen diese Räume auch nicht nach Norden. Dann berechnet man die Fensterflächenanteile. Mit etwas Erfahrung lässt sich dies sehr schnell umreißen.

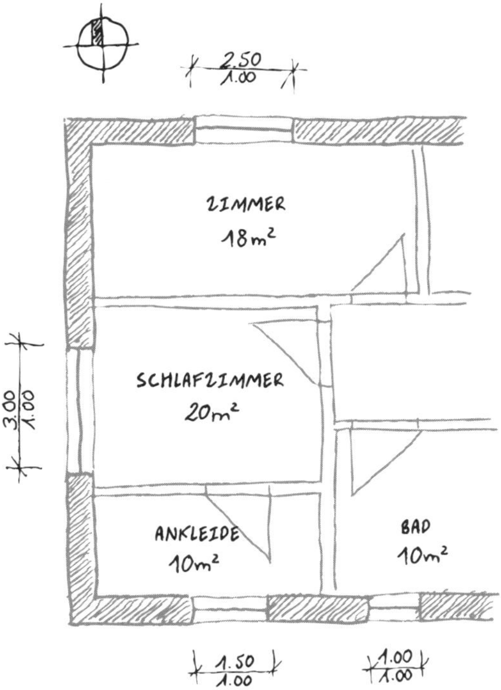

KEIN NACHWEIS
ERFORDERLICH

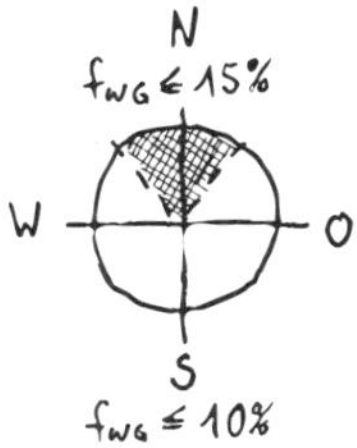

$f_{WG} \leq 7\%$
BEI GENEIGTEN FENSTERN 0°–60°
IN ALLEN HIMMELSRICHTUNGEN

ZIMMER (NORD)	$2{,}5/18 = 0{,}14 < 0{,}15$	NICHT KRITISCH
ANKLEIDE	KEIN AUFENTHALT	
BAD	KEIN AUFENTHALT	
SCHLAFZIMMER (OST)	$3{,}0/20 = 0{,}15 > 0{,}10$	KRITISCH!

Vorhandener Sonneneintragskennwert

Die vorangegangenen Einzelbetrachtungen konzeptioneller Maßnahmen führen zu einem rechnerischen Ergebnis: dem vorhandenen Sonneneintragskennwert S_{vor}.

Der vorhandene Sonneneintragskennwert beschreibt die Belastung des Gebäudes durch den **Energieeintrag der Sonne** im Sommer. Also die Entwicklung von Wärme im Innenraum auf Grundlage der von uns geplanten Eigenschaften von Fassadenöffnungen oder transparenten Fassadenbereichen sowie deren Glaseigenschaften und Verschattungen.

Um diesen Kennwert zu ermitteln, wird für den kritischen Raum der Fensterflächenanteil einfach mit den Eigenschaften der Öffnungen in den Außenwänden multipliziert. In der Formel befindet sich noch ein Summenzeichen. Dieses drückt nur aus, dass alle Öffnungen der Fassade des Raums zu berücksichtigen sind und ggf. nach ihren Eigenschaften getrennt berechnet und anschließend addiert werden müssen. So kann man zum Beispiel berücksichtigen, dass man aus gestalterischen Gründen verschiedenen Fenstern verschiedene Verglasungen oder Verschattungen zugeordnet hat. Oder dass eine Fenstertür zu einer Loggia oder einem Balkon durch Überhänge verschattet ist.

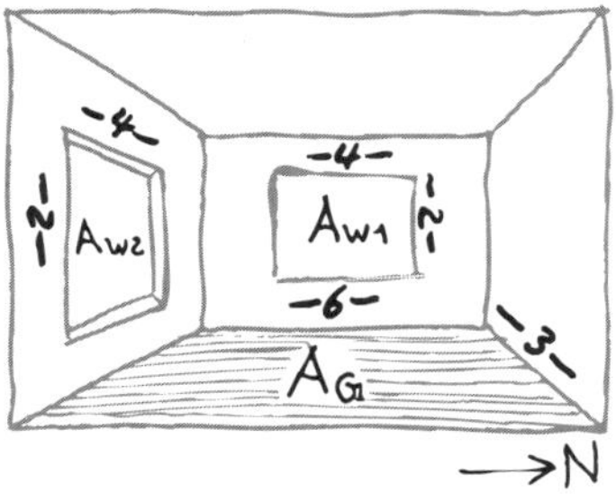

g	ENERGIEDURCHLASSGRAD	GLAS	→	0,6
F_C	SONNENSCHUTZ	SÜD+JALOUSIE	→	0,25
		WEST, KEINE	→	1
F_S	VERSCHATTUNG	KEINE	→	1
F_F	RAHMEN		→	0,8

$$S_{vor} = \sum \frac{A_W}{A_G} \times g_{tot} \qquad \frac{A_W}{A_G} = f_{WG}$$

BODENFLÄCHEN ZIMMER

$$A_G = 6m \times 3m = \underline{\underline{18m^2}}$$

GESAMTENERGIEDURCHLASSGRAD

$$g_{tot} = g \times F_C \times F_S \times F_F$$

SÜD

$$g_{tot} = 0{,}6 \times 0{,}25 \times 1 \times 0{,}8 = \underline{0{,}12}$$

WEST

$$g_{tot} = 0{,}6 \times 1 \times 1 \times 0{,}8 = \underline{\underline{0{,}48}}$$

$$f_{WG\,SÜD} = \frac{4m \cdot 2m}{18m^2} = \underline{\underline{0{,}44}}$$

$$f_{WG\,WEST} = \frac{4m \cdot 2m}{18m^2} = \underline{\underline{0{,}44}}$$

$$S_{vor} = \sum f_{WG} \times g_{tot} = (0{,}44 \times 0{,}12) + (0{,}44 \times 0{,}48) = \underline{\underline{0{,}264}}$$

Zulässiger Sonneneintragskennwert

Natürlich können wir mit einem Kennwert innerhalb eines Nachweises nur etwas anfangen, wenn wir diesen mit einem anderen vergleichen. Daher gibt es passend zum vorhandenen auch einen zulässigen Sonneneintragskennwert. Den müssen wir ebenfalls errechnen und er muss immer mindestens gleich, besser größer sein als der vorhandene Sonneneintragskennwert. Wir müssen also mit unserer Planung immer gewährleisten, dass wir weniger an Sonnenenergie in unser Haus lassen als zulässig.

Der zulässige Sonneneintragskennwert beschreibt demnach, welche Menge an Sonnenenergie wir in einen Raum eindringen lassen dürfen, ohne dass sich dieser Raum über ein zulässiges Maß erwärmt und damit zu stark an Behaglichkeit verliert. Um allen Rahmenbedingungen und planerischen Einflüssen gerecht zu werden, ist dieser Wert keine starre Zahl, sondern wird ebenfalls für jedes Gebäude aus sechs Kriterien berechnet. Die jeweiligen Werte der Kriterien sind der **Tabelle 8 der DIN 4108-2** zu entnehmen.

Diese sechs Kennwerte werden folgerichtig mit S1 bis S6 bezeichnet und alle miteinander addiert. Jede Rahmenbedingung unseres Hauses liefert dabei eine Kennzahl.

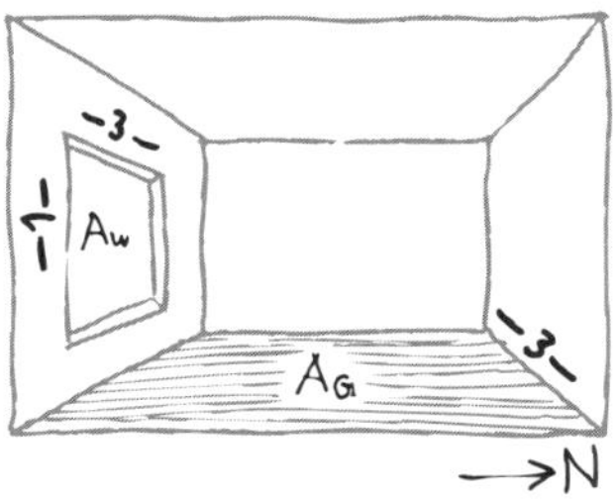

g	ENERGIEDURCHLASSGRAD	GLAS	→	0,4
F_C	SONNENSCHUTZ	SÜD+JALOUSIE	→	0,25
		WEST, KEINE	→	1
F_S	VERSCHATTUNG	KEINE	→	1
F_F	RAHMEN		→	0,8

WOHNGEBÄUDE
KLIMAREGION B
BAUARTSCHWERE MITTEL

$$S_{zul} = \sum S_x = S_1 + S_2 + S_3 + S_4 + S_5 + S_6$$

$$f_{WG} = \frac{(A_{W1} + A_{W2})}{A_G}$$

$$f_{WG} = \frac{3}{18} = \underline{0,16}$$

$$S_1 = \underline{0,103}$$

TABELLE GEMÄSS DIN 4108-2

		WOHNGEBÄUDE			NICHTWOHNGEBÄUDE		
KLIMAREGION		A	B	C			
NACHTLÜFTUNG	BAUART						
OHNE	L M S	...	...	...			
ERHÖHT	L	...	...	...			
	M	...	0,103	...			
	S	...	...	...			
HOCH	L M S	...	...	...			

$$S_2 = a - (b \times f_{WG})$$

$$S_2 = 0,06 - (0,231 \times 0,16) = \underline{0,03}$$

	WOHNGEBÄUDE	NICHTWOHNGEBÄUDE
a	0,06	......
b	0,231	......

$S_3 = 0,03$ DA SONNENSCHUTZGLAS

$S_4 = \underline{0}$ KEINE GENEIGTEN FENSTER

$S_5 = \underline{0}$ KEINE NORDFENSTER

$S_6 = \underline{0}$ KEINE PASSIVE KÜHLUNG

$$S_{zul} = 0,103 - 0,14 + 0 + 0 + 0 + 0 = \underline{0,163}$$

Der sommerliche Wärmeschutznachweis

Am Ende wird also ein Nachweis geführt. Dieser besteht in der Gegenüberstellung von **S_{zul}** und **S_{vor}**. Dabei werden beide Werte errechnet und Svor muss am Ende kleiner oder gleich Szul sein. Die Mathematik dahinter ist glücklicherweise einfach.

Der **zulässige Sonneneintragskennwert** des kritischen Raums errechnet sich aus der Addition der anteiligen Sonneneintragskennwerte, welche aufgrund der Gebäudeeigenschaften einfach aus der Tabelle 8 der DIN 4108-2 abgelesen werden können.

Der **vorhandene Sonneneintragskennwert** des kritischen Raums errechnet sich aus Addition der vorhandenen Sonneneintragskennwerte aller Fenster dieses Raums. Diese wiederum errechnen sich aus der Multiplikation des Fensterflächenanteils mit deren Energiedurchlassgrad.

In der Übung habe ich gerne die Studierenden einen vollständigen sommerlichen Wärmeschutznachweis für einen Raum auf nur einem Bierdeckel durchführen lassen. Die beschränkten Mittel und der limitierte Platz auf dem Bierdeckel demonstrieren sehr anschaulich, wie einfach dieser Nachweis geführt werden kann.

Die eigentliche Aufgabe des Planers besteht also nicht in der Addition von ein paar Zahlen, sondern in einer gestalterischen und wirtschaftlichen Ausgestaltung der Rahmenbedingungen, um zu einem architektonisch guten Ergebnis zu gelangen. Denn es ist wie bei der Energiebilanz auch hier ein kreatives und sinnvolles Austarieren der Einflussgrößen gefragt, von Fensterflächen, Zimmergrößen, Glasqualitäten und Sonnenschutz.

Das frühzeitige Überprüfen des sommerlichen Wärmeschutzes gibt dem Architekten sehr wichtige Hinweise für klimagerechtes Planen.

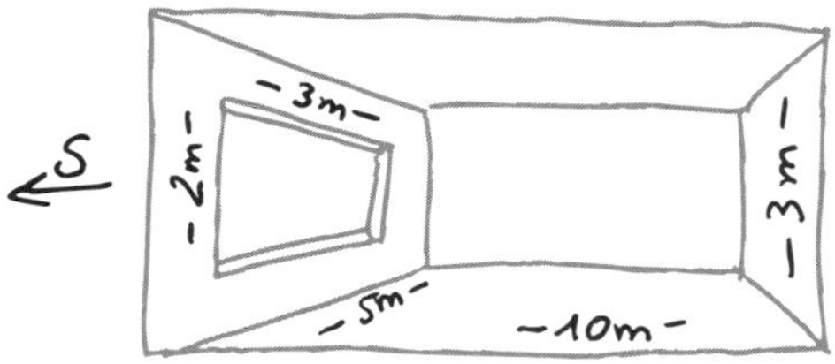

BAUARTSCHWERE MITTEL

$g = 0{,}5$

KLIMAREGION B

1. FENSTERFLÄCHENANTEIL

$$f_{WG} = \frac{\text{FENSTER}}{\text{BODEN}} = \frac{2m \times 3m}{5m \times 10m} = \underline{\underline{0{,}12}}$$

$0{,}12 > 0{,}1 \Rightarrow$ NACHWEIS ERFORDERLICH

2. S_{zul} (DIN 4108 TABELLE 8)

$S_1 = 0{,}103$

$S_2 = 0{,}06 - (0{,}231 \times 0{,}12) = 0{,}033$

$S_3 = 0$ (KEIN SONNENSCHUTZGLAS)

$S_4 = 0$ (KEINE GENEIGTEN FENSTER)

$S_5 = 0$ (KEINE NORDORIENTIERUNG)

$S_6 = 0$ (KEINE PASSIVE KÜHLUNG)

$S_{zul} = S_1 + S_2 = \underline{\underline{0{,}136}}$

3. S_{vor}

$S_{vor} = \sum \frac{A_W}{A_G} \times g_{tot}$ $\qquad \frac{A_W}{A_G} = f_{WG} = 0{,}12$

$S_{vor} = 0{,}12 \times 0{,}5 = \underline{\underline{0{,}06}}$ $\qquad g_{tot} = g \times F = g = 0{,}5$

4. $S_{vor} \leq S_{zul}$? $\underline{\underline{0{,}06 < 0{,}136}}$ ✓

06

Anhang

Formelzeichen und Einheiten

A	Flächen [m^2]
$c_{p,l}$	Wärmekapazität von Luft [Wh/kg K]
C_{wirk}	Wirksame Wärme-speicherfähigkeit [J/K]
f_{wg}	Fensterflächenanteil [ohne Einheit]
g	Energiedurchlassgrad [ohne Einheit]
g_{tot}	Gesamtenergiedurchlassgrad [ohne Einheit]
H_T	spezifische Transmissions-wärmeverluste [W/K]
H'_T	spezifische flächenbezogene Transmissionswärmeverluste [W/m^2 K]
H_V	spezifische Lüftungswärme-verluste [W/K]
M	Masse [kg]
n_{50}	Luftwechselrate [n/h]
p	Druck [P]
P	Leistung [W]
Q_H	Jahresheizwärmebedarf [kwh/a]
Q_i	Interne Gewinne [kwh/a]
Q_S	Solare Gewinne [kwh/a]
Q_p	Jahresprimärenergiebedarf [kwh/a]
Q'_p	flächenbezogener Jahres-primärenergiebedarf [kwh/m^2 a]
S_{vor}	vorhandener Sonneneintrags-kennwert [ohne Einheit]
S_{zul}	zulässiger Sonneneintrags-kennwert [ohne Einheit]
T	Temperatur [°C]
ΔT	Temperaturdifferenz [K]
U	Wärmedurchlasskoeffizient [Wh/m^{2}K]
V	Volumen [m^3] oder Volumenstrom [m^3/h] oder Geschwindigkeit [m/s, km/h]
Θ_e	Norm-Außentemperatur [°C]
Θ_{int}	Norm-Innentemperatur [°C]
ρ	Dichte [kg/m^3]
ρ_L	Dichte von Luft [kg/m^3]
Φ_i	spezifische innere Wärme-leistung [W/m^2]
Φ_{RH}	Aufheizleistung [W]
Φ_S	Strahlungswärmegewinne [kWh/m^2]
Φ_T	Norm-Transmissionsverluste [W]
Φ_V	Norm-Lüftungsverluste [W]

Griechische Buchstaben

Α, α	Alpha
Β, β	Beta
Γ, γ	Gamma
Δ, δ	Delta
Ε, ε	Epsilon
Ζ, ζ	Zeta
Η, η	Eta
Θ, θ	Theta
Ι, ι	Iota
Κ, κ	Kappa
Λ, λ	Lambda
Μ, μ	My
Ν, ν	Ny
Ξ, ξ	Xi
Ο, ο	Omikron
Υ, υ	Ypsilon
Φ, φ	Phi
Χ, χ	Chi
Ψ, ψ	Psi
Ω, ω	Omega

Normen

DIN EN 410
Glas im Bauwesen
Bestimmung der lichttechnischen und strahlungsphysikalischen Kenngrößen von Verglasungen
April 2011

DIN 4108-2
Wärmeschutz und Energie-Einsparung in Gebäuden
Teil 2 – Mindestanforderungen an den Wärmeschutz
Februar 2013

DIN V 4108-6 (zurückgezogen)
Wärmeschutz und Energie-Einsparung in Gebäuden
Teil 6 – Berechnung des Jahresheizwärme- und des Jahresheizenergiebedarfs
Juni 2003

DIN V 18599-1
Energetische Bewertung von Gebäuden – Berechnung des Nutz-, End- und Primärenergiebedarfs für Heizung, Kühlung, Lüftung, Trinkwarmwasser und Beleuchtung
Teil 1 – Allgemeine Bilanzierungsverfahren, Begriffe, Zonierung und Bewertung der Energieträger
August 2018

DIN 1946-6
Raumlufttechnik
Teil 6 – Lüftung von Wohnungen
Dezember 2019

DIN 18017-3
Lüftung von Bädern und Toilettenräumen ohne Außenfenster
Teil 3 – Lüftung mit Ventilatoren
Mai 2020

DIN EN 12831-1
Verfahren zur Berechnung der Heizlast
Teil 1 – Raumheizlast
September 2017

GEG
Gesetz zur Einsparung von Energie und zur Nutzung erneuerbarer Energien zur Wärme- und Kälteerzeugung in Gebäuden
Gebäudeenergiegesetz November 2020

Index

Dirk Krutke ist bauender und lehrender Architekt, Sachverständiger und DGNB Consultant. Er hat an verschiedenen Hochschulen und Universitäten gelehrt und vertritt derzeit die Professur „Gebäudetechnik“ an der HafenCity Universität Hamburg. Seine Arbeit im eigenen Architekturbüro und seine Erfahrungen aus über fünf Jahren Lehre mit Studierenden der Architektur, des Bauingenieurwesens und der Stadtplanung haben ihn davon überzeugt, dass eine nachhaltige Wende im Bauwesen nur mit integrativeren Entwurfsprozessen erreicht werden kann.

Impressum

Autor: Dirk Krutke
Fachliche Beratung: Prof. Dr. Ing. Martin Behne
Lektorat: Claus Käpplinger, Berlin
Korrektorat: Mario Ableitner
Layout: Martina Römer, Berlin
Papier: 140 Gr Tauro Offset, FSC
Druck: GPS, Bosnien-Herzegowina

Verlag und Vertrieb:

av edition GmbH
Senefelderstraße 109
70176 Stuttgart
www.avedition.de

ISBN 978-3-89986-383-3

Bibliografische Informationen der Deutschen Nationalbibliothek

Die Deutsche Nationalbibliothek verzeichnet diese Publikation in der Deutschen Nationalbibliografie; detaillierte bibliografische Daten sind im Internet über http://dnb.de abrufbar.

MIX
Papier | Fördert gute Waldnutzung
FSC® C118234
www.fsc.org